绿色可持续运营管理中的网络优化设计问题研究

黄陆斐／著

图书在版编目(CIP)数据

绿色可持续运营管理中的网络优化设计问题研究／黄陆斐著．—上海：立信会计出版社，2023.8
（序伦财经文库）
ISBN 978-7-5429-7267-5

Ⅰ.①绿… Ⅱ.①黄… Ⅲ.①运营管理-最优设计-研究 Ⅳ.①F502

中国国家版本馆 CIP 数据核字(2023)第 134053 号

策划编辑　　王艳丽
责任编辑　　王艳丽

绿色可持续运营管理中的网络优化设计问题研究
Lüse Kechixu Yunying Guanli Zhong De Wangluo Youhua Sheji Wenti Yanjiu

出版发行	立信会计出版社			
地　　址	上海市中山西路 2230 号	邮政编码	200235	
电　　话	(021)64411389	传　　真	(021)64411325	
网　　址	www.lixinaph.com	电子邮箱	lixinaph2019@126.com	
网上书店	http://lixin.jd.com		http://lxkjcbs.tmall.com	
经　　销	各地新华书店			

印　　刷	江苏凤凰数码印务有限公司
开　　本	710 毫米×1000 毫米　1/16
印　　张	15.5
字　　数	223 千字
版　　次	2023 年 8 月第 1 版
印　　次	2023 年 8 月第 1 次
书　　号	ISBN 978-7-5429-7267-5/F
定　　价	89.00 元

如有印订差错，请与本社联系调换

前 言

绿色可持续发展是新发展理念的重要组成部分。不同层次运营管理网络是企业实施各项运营管理活动的重要载体。在绿色可持续发展要求下,企业不仅要合理设计各类运营管理网络,还要在运营管理活动中体现各类资源的有效配置和环境友好性。随着科学技术的不断进步,数学建模优化、系统集成开发等新方法在企业运营管理实践中发挥着越来越重要的作用。因此,如何运用新方法提升企业运营管理网络的绿色可持续发展水平,成为绿色可持续运营管理领域的研究热点。

本书共八章。第一章从绿色供应链的现实背景和理论背景出发,引出了本书研究的主要创新点。第二章以绿色可持续背景下的各类供应链网络为对象,建立了面向企业绿色可持续运营管理的"IE^3 绿色屋"理论体系框架。第三章到第七章依次从操作、战术、战略、技术融合和系统集成五个方面着手,并运用优化建模、算法开发、网络分析、因素识别和系统集成等新方法,分别对闭环供应链网络、产业共生网络、绿色创新合作网络、循环供应链网络等不同层次的网络问题和决策支持系统进行了探讨研究。第八章是结论与展望,在总结本书的研究贡献基础上,提出了后续研究展望,以期为绿色供应链管理的理论研究和生产实践提供参考。

本书强调理论与实践相结合，旨在帮助读者通过网络优化设计与分析的视角，一窥绿色可持续运营管理的决策优化逻辑和分层管理思维，从而指导生产实践与学术研究。本书的主要特色体现在以下四个方面：①提出了包含理论基础、研究层次和研究视角在内的"IE^3绿色屋"理论体系框架；②实施了面向绿色可持续运营管理的不同层次的网络优化设计与分析；③从不确定性建模、副产品再处理与交换、专利数据分析、新技术赋能等方面拓展了供应链网络相关问题的研究领域；④设计了多层次的供应链网络优化设计与分析集成决策支持系统。

本书的研究受到了上海立信会计金融学院2021年"序伦财经文库学术专著"项目及2022年"上海高校青年教师培养资助计划"项目的资助，作者对相关资助机构深表感谢。本书的读者对象包括但不限于高校相关专业的本科学生、研究生，以及从事供应链运营管理工作的企业管理人员。

由于作者水平有限，本书可能存在疏漏和不足之处，希望读者谅解并指正。

黄陆斐

2023年2月

目 录

1 绪论 ·· 1
   1.1 研究背景、目的与意义 ··· 1
   1.2 研究方法 ·· 5
   1.3 研究主要创新点 ··· 6
   1.4 全书技术路线 ·· 7

2 研究概况与理论框架 ··· 9
   2.1 国内外研究概况 ··· 9
   2.2 "IE^3 绿色屋"理论体系框架 ····································· 29
   2.3 本章小结 ·· 34

3 "IE^3 绿色屋"操作层面研究:闭环供应链网络优化设计问题 ···· 35
   3.1 问题背景 ·· 35
   3.2 模型构建 ·· 38
   3.3 求解方法 ·· 44
   3.4 相关实验与测试 ·· 47
   3.5 本章小结 ·· 63

4 "IE^3 绿色屋"战术层面研究:产业共生网络优化设计问题 ······ 64
   4.1 问题背景 ·· 64

4.2 模型构建 ………………………………………………………… 67
4.3 Epsilon 约束方法 ………………………………………………… 72
4.4 实验求解与分析 ………………………………………………… 76
4.5 本章小结 ………………………………………………………… 88

5 "IE³ 绿色屋"战略层面研究:绿色创新合作网络分析问题 …… 89
5.1 问题背景 ………………………………………………………… 89
5.2 研究框架与方法 ………………………………………………… 90
5.3 结果分析 ………………………………………………………… 95
5.4 本章小结 ………………………………………………………… 103

6 "IE³ 绿色屋"技术融合研究:区块链技术赋能循环供应链网络管理关键成功因素评估问题 ……………………………………… 104
6.1 问题背景 ………………………………………………………… 104
6.2 整合框架 ………………………………………………………… 107
6.3 调查方法 ………………………………………………………… 114
6.4 数据收集和分析 ………………………………………………… 117
6.5 本章小结 ………………………………………………………… 127

7 "IE³ 绿色屋"系统集成研究:决策支持系统概念设计问题 …… 129
7.1 问题背景 ………………………………………………………… 129
7.2 研究目标 ………………………………………………………… 129
7.3 研究方法与步骤 ………………………………………………… 130
7.4 系统概念设计 …………………………………………………… 133
7.5 本章小结 ………………………………………………………… 142

8 结论与展望 ·· 143
　8.1 研究内容与贡献总结 ···················· 143
　8.2 后续研究展望 ································ 145

参考文献·· 147

附录 1 国务院办公厅关于积极推进供应链创新与应用的指导
　　　　意见 ·· 175
附录 2 国务院关于加快建立健全绿色低碳循环发展经济体系的
　　　　指导意见 ··· 185
附录 3 中共中央办公厅 国务院印发《关于推动城乡建设绿色
　　　　发展的意见》 ·································· 196
附录 4 国务院关于印发 2030 年前碳达峰行动方案的通知 ······ 206
附录 5 国务院关于印发"十四五"节能减排综合工作方案的
　　　　通知 ·· 227

1 绪 论

1.1 研究背景、目的与意义

1.1.1 研究背景

从国家层面来看,我国产业发展体系健全[1],拥有联合国产业分类所列全部门类。但在快速发展的同时,各类型企业尤其是生产制造型企业都在运营过程中产生、排放了大量污染物,造成了极大的环境破坏。以海洋环境为例,我国工业发达区主要分布在长三角、珠三角等东部沿海地区,而工业集中区域往往是环境污染问题的高发区。例如,生态环境部发布的《2018年中国海洋生态环境状况公报》显示:我国近岸海域总体水质保持稳定,江苏和广东近海海域水质一般,上海和浙江周边近海海域水质极差,污染海域主要分布在辽东湾、渤海湾、莱州湾、江苏沿岸、长江口、杭州湾、浙江沿岸和珠江口等近海海域。面对发展和环保的双重考验,我国政府积极制定了国家战略和政策法规来约束企业的排污行为,并督促企业积极履行社会责任。2015年,国务院印发《中国制造2025》,该文件把"绿色发展"确立为五大指导方针之一,提出"坚持把可持续发展作为建设制造强国的重要着力点"。2016年,工业和信息化部印发《绿色制造工程实施指南(2016—2020年)》,全面落实制造强国建设战略,强化绿色发展理念,推动企业实现绿色可持续发展。2018年,我国颁布《中华人民共和国环境保护税法》,提出推动环境保护"费改税",用严格的法律制度来保护生态环境。

从企业层面来看,企业往往通过自身的运营管理向社会和大众提供产品和服务,并在此过程中获取价值,但企业在运营管理的过程中不可避免地会对经济、社会和环境产生影响。[2]绿色生产、绿色协同和绿色创新等新理念正深刻影响着企业的日常运营管理。[3,4]以供应链网络和创新合作网络为代表的不同层次的运营管理网络是企业实施各项运营管理活动的重要载体,影响着一个企业的长远发展。如何在全球环境问题日益严峻、国际产业格局深刻调整的重重压力下,开展不同层次运营管理网络的优化设计与分析研究,从而实现全方位的绿色可持续发展,是企业运营管理面临的现实挑战。

绿色可持续发展是指"既满足当代人的需要,又不损害后代人满足需要的能力的发展"。[5]绿色可持续运营管理是企业在生产产品和提供服务的运营管理中,通过贯彻绿色可持续的管理理念使经济效益、环境效益和社会效益均衡发展的一种管理方式,也是现代企业提升综合竞争力的有效手段。[6,7]绿色运营管理和可持续运营管理的理论研究也随着现实发展的需求不断升温。在绿色可持续运营管理的研究中,网络(network)是一种重要的研究载体。Web of Science(简称WoS)引文数据库相关研究领域的发文情况显示(图1.1),可持续运营管理(sustainable operation management,SOM)领域和绿色运营管理(green operation management,GOM)领域的理论研究不断增多,其中关于网络的研究也持续受到关注。如图1.1所示的统计结果显示,包含网络的绿色可持续运营管理研究的数量和占比均有上升趋势。

在绿色可持续运营管理的理论研究中,网络问题研究的主题主要包括:①企业内部通过对物流网络再设计,将原本单向直线式网络布局转变为循环闭环式网络布局,通过对物质的循环封闭管理降低其在运营管理过程中对环境的影响;②通过对具有潜在价值的废弃物进行再处理与协同补给,整合原本各自独立的供应网络,在相关企业之间形成具有生态特征的共生体,提高资源综合利用配置效率;③通过分

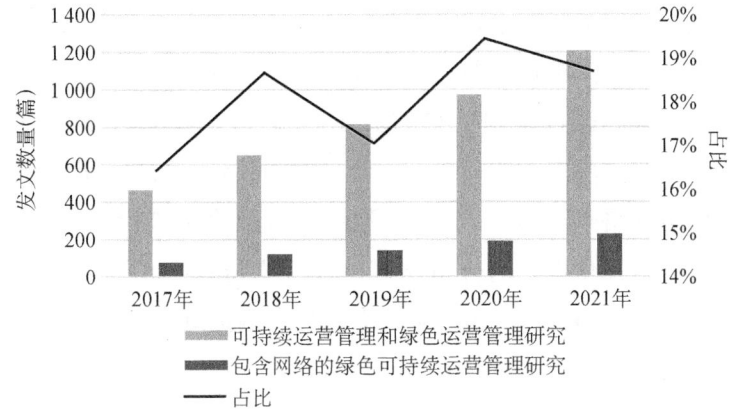

图 1.1 2017—2021 年 WoS 相关研究领域发文情况

析包括各种类型企业或组织的商业生态网络,帮助企业识别商业生态网络等网络形式的关键实体和合作类型,从而通过商业合作提升自身的竞争力。[8,9]

围绕这些宏观或微观、有形或无形的网络开展的分层次网络优化设计与分析研究,可以为企业实现绿色可持续运营发展提供理论指导和方法借鉴。

1.1.2 研究目的

本书以工业工程(industrial engineering)、产业生态(industrial ecology)、创新创业(innovation and entrepreneurship)为主题,讨论绿色可持续运营管理中现代工业工程理论、产业生态思想和创新创业战略的融合发展。三个研究主题对应了企业运营管理的不同层次:工业工程主要致力于企业内运营管理的效率提升;产业生态可以促进关联性企业的协作管理;创新创业则包含各类组织和个人的更大范围的商业生态探索。在企业不同层次的运营管理中,供应链网络、产业协同网络、创新合作网络等各种类型的网络结构的组织形式广泛存在于理论研究和商业实践中。[9,10]

在文献[10]的基础上,本书综合绿色可持续运营管理的不同呈现形式,确定了"面向绿色可持续运营管理的网络优化设计与分析"这一研究思路。本书通过系列研究的具体展开,以期达到以下研究目的:①搭建解决不同层次网络优化设计与分析问题的理论体系框架;②实施不同层次网络优化设计与分析研究,并提炼管理启示;③开发集成不同层次网络优化设计与分析研究的决策支持系统;④形成包含理论体系框架、多层实施方法和决策支持系统在内的绿色可持续运营管理综合性解决方案。

1.1.3 研究意义

本书以绿色可持续运营管理为背景,以网络优化设计与分析为主线,分别聚焦闭环供应链网络优化设计、产业共生网络优化设计、绿色创新合作网络分析和循环供应链网络分析这四个不同层次的网络研究问题,依次采用网络建模优化、社会网络分析、决策支持系统和关键成功因素评估等技术方法开展深入研究。本书提出的多层次网络优化设计与分析解决方案,对企业实施绿色可持续运营具有重要的现实意义和理论意义。

1. 本书的现实意义

(1) 从操作层面、战术层面和战略层面开展不同层次企业运营网络的优化设计与分析研究,对改善企业各类网络的运营有一定的启示意义。在操作层面上,闭环供应链网络的闭环管理思想可以促使管理人员重新思考物流设施布局,将退货、返修等逆向物流纳入物流设施的统一布局中,提高原有设施布局的全面性。在战术层面上,以物质循环利用为代表的产业生态理念可以推动企业思考共生协作关系的构建,使不同企业之间形成物尽其用的产业共生组合和资源共享的优化配置。在战略层面上,通过绿色创新合作网络的构建,本书可以帮助企业识别关键的绿色创新实体和重要的合作关系,掌握绿色创新合作网络的发展趋势,提升企业参与绿色创新合作的能力。

(2) 本书通过整合不同网络优化设计与分析中的数据、流程等关键要素,开展了基于不同层次网络优化设计与分析的决策支持系统概念设计,以期为企业开发面向可持续运营管理的网络优化设计与分析决策支持系统提供方法支持,并为企业可持续运营管理的科学决策提供必要的信息化支撑。

2. 本书的理论意义

(1) 围绕"网络优化设计与分析"这一核心主题,本书构建了面向可持续运营管理网络优化设计与分析的"IE^3 绿色屋"理论体系框架,对相关理论基础、研究视角和研究层次等进行了详细梳理,为网络优化技术在可持续运营管理环境下的研究提供了体系化探索。

(2) 在分层的具体研究问题上,本书分别开展了不确定环境下包含多产品、不同 CO_2 排放水平等因素的闭环供应链网络优化设计,基于副产品再处理与交换的产业共生网络优化设计,基于绿色交通专利技术的绿色交通技术创新合作网络分析,区块链技术赋能循环供应链网络管理关键成功因素评估等研究,丰富了不同层次网络优化设计与分析的研究内容,拓展了网络优化与分析技术在可持续运营管理情境下的研究边界。

1.2 研究方法

绿色可持续运营管理涉及的理论知识、方法手段和研究层次较复杂,问题规模和内容也不尽相同。因此,本书确定了以下研究方法。

(1) 文献调研与框架指引相结合。本书进行了系统的文献调查研究,回顾总结了相关领域的研究趋势、研究热点和研究方法,提炼了相关问题要素。与此同时,在文献调研的基础上,本书总结提出了"IE^3 绿色屋"体系框架,通过对重要概念、研究视角和研究层次的论述,对后续研究的具体实施进行了指导。

(2) 系统思维与学科交叉相结合。在问题分析与问题解决过程中,本书注重从系统思维的角度思考问题,把握总体研究的主线,确定具体研究问题的范围。同时,本书所提出的"IE^3 绿色屋"研究框架融合了可持续发展理论、运筹学、统计学、社会网络分析、软件工程等多学科理论,通过学科交叉融合弥补了单一方法的不足,推动了问题的整体分析与综合解决。

(3)分层设计与问题聚焦相结合。本书从操作层面、技术层面和战略层面依次开展相关的网络优化设计与分析,研究内容由微观逐步延伸到宏观,研究层次从企业内部向关联企业和创新合作群体发展。同时,本书紧紧围绕可持续运营管理中"网络优化设计与分析"这一主线,分层次对企业实际运营管理过程中的"闭环供应链网络""产业共生网络""绿色创新合作网络""循环供应链网络"等问题进行了优化与分析。

(4)模型驱动与数据驱动相结合。在操作层面和战术层面上,本书以数学建模为主要研究方法,通过对可持续运营管理过程中的闭环供应链网络优化设计和产业共生网络优化设计这两个问题的建模优化,抽象地研究了问题的核心概念,优化了模型变量,探讨了主要参数和主要变量之间的关系。在战略层面上,本书以专利数据为驱动,开发了网络爬虫工具,构建了绿色创新合作网络,挖掘了绿色创新合作网络的潜在信息。

(5)新技术与绿色发展相融合。本书构建了一个多属性决策模型,基于专家访谈数据识别了区块链技术赋能循环供应链的关键成功因素,为新技术融入绿色发展项目的实施提供了参考。

1.3 研究主要创新点

利用建模优化、算法开发、网络分析、因素分析和系统集成等方法,本书对闭环供应链网络、产业生态网络、绿色创新合作网络和循环供应链网络等不同层次的绿色可持续运营管理问题进行了探讨研究,相关的数值实验与研究分析取得了一定的理论和实践效果。

具体而言,本书的创新点可以概括为以下四个方面。

1. 理论体系创新

根据文献调研和研究需要,本书提出了包含理论基础、研究层次和研究视角在内的"IE³绿色屋"理论体系框架,以便理顺面向绿色可持续运营管理网络研究的理论及功能体系,明确网络研究的主要方法。"IE³绿色屋"理论体系框架丰富了绿色可持续运营管理的研究理论,为相关网络研究问题的解决提供了体系框架的借鉴。

2. 研究对象创新

在以往文献研究中,针对不同运营管理层次网络问题的综合性研究较少。本书紧扣"网络"这一核心研究对象,针对面向绿色可持续运营管理的不同层次的网络进行了优化设计与分析,具体开展了闭环供应链网络、产业共生网络、绿色创新合作网络、循环供应链网络等以绿色可持续运营主题的网络优化设计与分析研究。本研究将有利于企业根据自身管理需要开展网络优化设计与分析,进而提高企业绿色可持续运营的综合竞争力。

3. 研究层次创新

本书分别从不确定性建模、副产品再处理与交换、专利数据分析、新技术赋能等方面拓展了闭环供应链网络、产业共生网络、绿色创新合作网络、循环供应链网络相关问题的研究领域,也使得不同层次的网络研究更加贴近企业实施绿色可持续运营管理的实际环境。

4. 系统集成创新

本书从系统平台设计的角度将不同层次的网络优化设计与分析问题进行了集成,从功能流程、系统架构和应用场景等方面阐述了企业实施决策支持系统概念设计的具体过程,为企业实施绿色可持续运营管理提供了信息化解决方案。

1.4 全书技术路线

针对研究内容和技术特点,本书采用如图 1.2 所示的技术路线,按照"提出问题—分析问题—解决问题—总结"的步骤,依次开展相关研究工作。

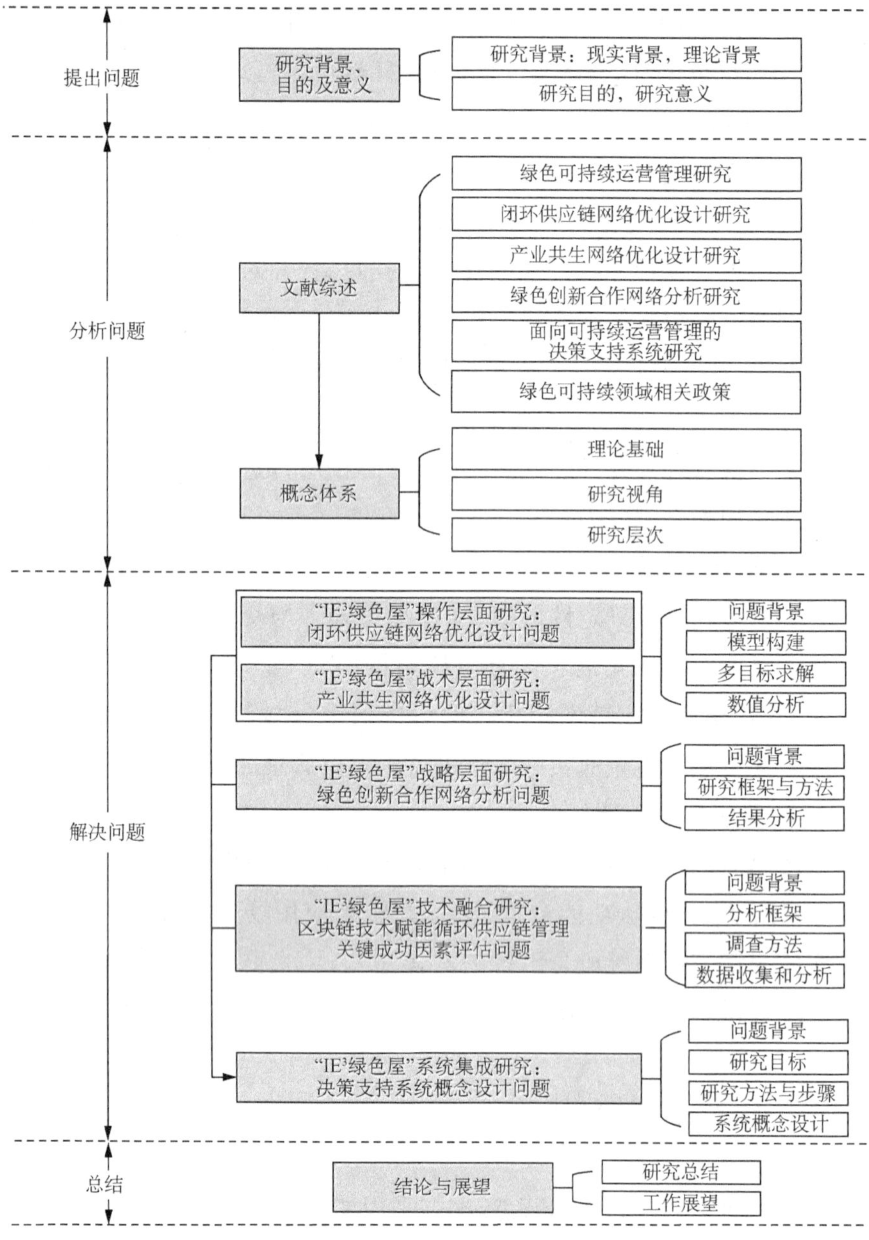

提出问题
研究背景、目的及意义
研究背景：现实背景，理论背景
研究目的，研究意义
分析问题
文献综述
绿色可持续运营管理研究
闭环供应链网络优化设计研究
产业共生网络优化设计研究
绿色创新合作网络分析研究
面向可持续运营管理的决策支持系统研究
绿色可持续领域相关政策
概念体系
理论基础
研究视角
研究层次
解决问题
"IE³绿色屋"操作层面研究：闭环供应链网络优化设计问题
"IE³绿色屋"战术层面研究：产业共生网络优化设计问题
问题背景
模型构建
多目标求解
数值分析
"IE³绿色屋"战略层面研究：绿色创新合作网络分析问题
问题背景
研究框架与方法
结果分析
"IE³绿色屋"技术融合研究：区块链技术赋能循环供应链管理关键成功因素评估问题
问题背景
分析框架
调查方法
数据收集和分析
"IE³绿色屋"系统集成研究：决策支持系统概念设计问题
问题背景
研究目标
研究方法与步骤
系统概念设计
总结
结论与展望
研究总结
工作展望

图 1.2 本书技术路线

2 研究概况与理论框架

2.1 国内外研究概况

2.1.1 研究趋势分析

"文献计量"是文献分析的常用方法,有助于学者在文献统计的基础上定量分析某一研究领域的发展规律和研究趋势。[11]基于文献文本数据,本章首先对第1.2节确定的研究内容展开文献计量分析,目标数据库选定为包含国内外知名学术信息的期刊数据库 Web of Science Core Collection,文献出版时间为 2017—2021 年,关键词检索的组合分别为:"closed-loop supply chain network"(闭环供应链网络)"industrial symbiosis network"(产业共生网络)"green innovation cooperation network"(绿色创新合作网络)"decision support system ＋ green or sustainable or sustainability"(决策支持系统＋绿色可持续)。根据检索结果,2017—2021 年这几个主要领域发文量数据分别如图 2.1 和图 2.2 所示。

由图 2.1 和图 2.2 可知,关于"三层次网络研究"领域(闭环供应链网络、产业共生网络、绿色创新合作网络)和"决策支持系统＋绿色可持续"领域的发文数量持续攀升,表明这些研究领域受到国内外学者的关注。

另外,本章对"三层次网络研究"所对应的文献文本信息进行了关键词词云分布分析,以区分各自领域的研究重点。词云分布分析结果如图 2.3 所示。

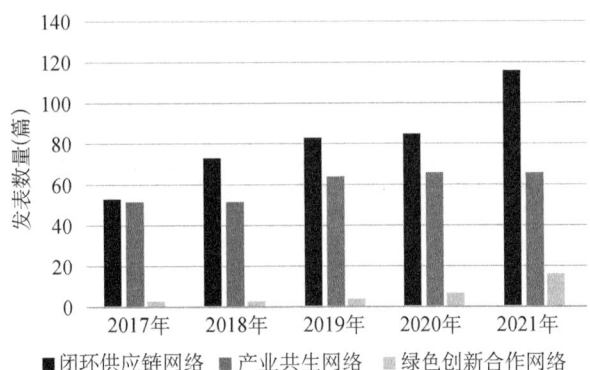

图 2.1　2017—2021 年"三层次网络研究"领域发文情况

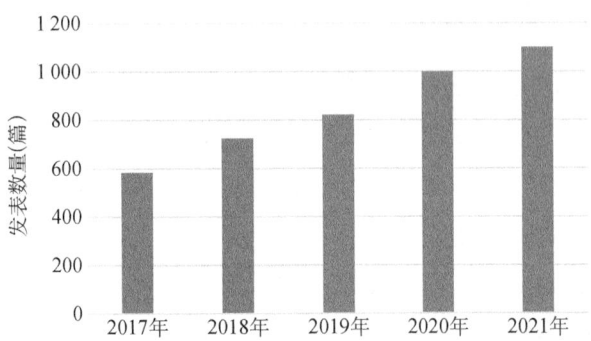

图 2.2　2017—2021 年"决策支持系统＋绿色可持续"领域发文情况

　　闭环供应链网络　　　　　　产业共生网络　　　　　绿色创新合作网络

图 2.3　"三层次网络研究"关键词词云分布

词云分布情况显示,学者对不同研究内容有着不同的关注点。其中,闭环供应链网络研究的关注焦点以 model(模型)、optimization(优化)和 design(设计)为主,注重与 reverse logistics(逆向物流)等因素的结合;产业共生网络研究则偏重 ecology(生态)和 symbiosis(共生)的概念;在绿色创新合作网络研究方面,performance(绩效)和 management(管理)等宏观概念频繁出现。当然,三者之间也存在相同的关注点。比如,"model"一词在三者中均有出现;"design"一词主要出现在闭环供应链网络和产业共生网络中;而"system"一词主要出现在产业共生网络和绿色创新合作网络中。由图 2.3 可知,以词云为代表的不同领域的网络研究既有区分又有联系。

2.1.2 绿色可持续运营管理研究

随着环境压力的日益增大,企业运营管理的理念从单纯地追求"数量与质量"向追求"绿色运营"和"可持续运营"转变。绿色运营管理是将循环经济的思想在企业的日常运营管理中加以实施运用,从而最大限度地保护环境、节约资源。[8]可持续运营管理是以"经济、环境和社会协调发展"为特点的企业运营管理模式。绿色可持续运营管理融合了绿色运营管理和可持续运营管理两个概念,可以被解释为企业统筹考虑经济成本、环境保护、资源利用、社会福利的运营管理过程。[9,10]绿色可持续运营管理正越来越受到学者们的关注,一些研究综述总结了相关领域的理论研究和探索。[12,13]

尽管绿色运营管理和可持续运营管理的理论研究在不断丰富,但学者们对其兼顾经济、环境和社会的分析视角存在着普遍的共识。Kleindorfer[14]构建了企业基于利润、雇员和环境之间关系的三重底线理论(triple bottom line,3BL),并对由这三方面带来的挑战进行了分析,提出了将环境、健康和安全等问题与绿色产品设计、精益绿色运营以及闭环供应链相结合的相关建议。Sauer 等[15]对全球 44 位矿业可持续性运营领域的专家进行了三轮问卷调查,这些问卷调查确定、评估和对比了矿业可持续性运营的挑战,包括经济、社会和环境的"三支柱"被认为是定义可持续发展的有力工具,以及得出了通用的矿业可持续性运营结构,并确定了 17 个主要的可持续性问题。Sanders 等[16]指出,在数字化、人工智能和大数据背景下,围绕经济、环境和社会展开运营管理依然是全球企业可持续发展的一项使命。他们综合了数字化时代可持续供应链研究中的主要内容,介绍了潜在的新研究机会和挑战。Tate 等[17]比较了资源观(resource-based view,RBV)和自然资源观(natural resource-based view,NRBV)在企业运营管理中的不同作用,进一步丰富了企业可持续运营管理"三支柱"理论在社会维度的表述,为探索如何解决可持续运营管理中的社会问题奠定了理论基础。

　　一些研究集中在可持续运营管理理论的概念框架上。Dubey 等[18]提出了一个包括领导力、供应商关系和总质量在内的理论体系,用以探索可持续运营管理中供应链参与者之间的关系。结果表明,保持良好的供应商关系和建立全面的质量政策有助于企业实现可持续发展。Hussain 等[19]提出了一个包括环境问题、社会责任、公共安全、风险评估和客户关系在内的综合框架,用来评估服务行业的绿色绩效。该框架为管理者实施服务供应链的绿色政策提供了切实可行的措施。Jabbour 等[20]提出了一种集成工业 4.0 和循环经济的分析框架,分析了智能生产技术对循环经济商业模型的潜在价值,揭示了支持循环经济策略的不同工业 4.0 技术为可持续运营管理决策带来的积极影响。基于工业 4.0 相关管理理论和循环经济原则,他们还探讨了可持续运营管理未来的研究方向。

　　学者们对可持续运营管理理论中的各类运营活动进行了广泛的讨论。Camuffo 等[21]根据回归分析研究了高投入工作状态和管理行为对职业安全的影响。该研究将可持续运营管理与安全管理、可持续人力资源管理和道德领导等伦理学理论进行了联系,促进了"职业安全是组织可持续性的重要组成部分"这一理念的传播。Zhu 和 He[22]研究了产品价格对绿色供应链的影响,分析了多重供应结构下的价格发展阶段。结果表明,零售商之间的价格竞争可以提高产品的绿色度。Mohammed 等[23]在调查了不同的汽车零部件再制造市场后发现,客户的产品知识、产品感知度和价格策略对购买意愿有重要影响。杜志平和刘永胜[24]研究了可持续运营管理情境下制造业和物流业的两业联动供应链,对两种行业的运作特征、可持续运营约束下两业联动的管理与技术要求进行了介绍,并就契约建立、行业标准、利益分配、信息共享及双方评价等问题提出了策略建议。

基于模型和算法的运作优化研究是可持续运营管理研究的热点领域[8,9]。Govindan 等[25]通过将订单分配问题引入可持续供应链研究,构建了多层次的供应链网络,网络节点包括按不同类别划分的供应商、工厂、配送中心和零售商,以满足市场的随机需求。他们运用启发式多目标优化算法来求解一个随机需求的绿色供应链模型,并用汽车行业的实例数据说明了该方法的适用性。Liotta 等[26]提出了一种整合优化方法和仿真方法的研究框架,设计了基于供应、生产、运输、CO_2 排放量和运营成本以及多模式网络相互协作的数学模型,并通过对不确定需求条件下的设施选址动态规划实现可持续的生产制造和多式联运的优化策略。Agrawal 等[27]在追求利益最大化的买方和上游供应商之间设计了一个多阶段博弈模型,分析了买方如何使用采购政策来影响其供应商满足可持续性标准的运营过程。他们研究了实践中常见的"首选"和"必需"两种可持续采购策略,发现当买方从单一供应商那里采购货源时,"首选"策略可以阻止供应商转换。结果表明,为促使供应商转向可持续流程,购买者在从唯一供应商处采购时应采用"必需"策略,而在有多个供应商时应采用"首选"策略。

2.1.3 闭环供应链网络优化设计研究

闭环供应链网络的研究是供应链可持续运营管理的一个重要分支。[28]闭环供应链网络设计是学者关注的重点问题。[29]Govindan 等[30]和 Prajapati 等[31]先后对该领域的研究做了阶段性的文献回顾与总结。

闭环供应链网络设计问题通常涉及产品正向/逆向的设施布局和物流渠道的决策优化。[30] Savaskan 等[32]最早提出闭环供应链网络的概念,解决了选择合适的逆向渠道结构来收集客户使用过的产品问题。Zhalechian 等[33]开发了一个考虑不确定性情景下选址、路线和库存集成优化的闭环供应链模型。该模型的目标函数考虑了 CO_2 排放、燃料消耗和能源浪费对环境的影响,以及创造就业机会和经济发展对社会的影响。针对不确定性环境,他们设计了随机优化模型。针对大型问题,他们开发并设计了混合元启发式算法。此外,他们还提供了一个实际案例研究来证明该模型在实际应用中的适用性,并进行了一些深入的数值分析和管理启示讨论。Soleimani 等[34]提出了一个多层次闭环供应链网络设计模型,涉及供应商、制造商、配送中心、客户、仓库、退货中心和回收中心等各类节点设施。该模型强调了回收的三个选择,即产品回收、组件回收和原材料回收。通过考虑环境因素,该模型可以实现运营总利润最大化,并减少了由于职业事故造成的工作损失,最大限度地提高了供应链对客户需求的响应能力。此外,Soleimani 等还构建了基于实际问题的数学优化模型,并开发了遗传算法对其进行求解。其研究结果验证了该模型的可行性以及所开发解决方案的适用性。Zeballos 等[35]提出了一种多产品、多层级、多周期的闭环供应链网络设计问题。在此工作中,他们构建了一个两阶段随机混合整数线性模型,该模型结合了逆向物流产品质量和数量的不确定性。此外,他们的研究还涉及与不确定参数有关的风险管理,将条件风险值概念应用于闭环供应链设计中。他们以一家欧洲消费品公司为例,显示了所建议方法的优势。Zhen 等[36]在战略层面上确定了一个闭环供应链网络中制造商和物流中心的最优位置布局。他们建立了一个两阶段随机混合整数非线性规划模型,其目的是使固定成本和网络运行成本最小。他们提出了一种改进的禁忌搜索启发式算法来求解该模型,并通过数值实验验证了模型的性能和求解方法。

在闭环供应链网络优化设计的各类模型中,混合整数规划和多目标优化是运用较多的数学建模技术。Jeihoonian 等[37]研究了耐久产品的闭环供应链网络设计问题,他们基于所提问题构建了混合整数规划模型。该模型确定了闭环网络中各种类型设施的位置以及正向和逆向的运输流量。另外,该模型还将回收旧产品的立法情况视为问题模型制定的约束条件,提出了一种基于 Benders 分解的求解算法,并针对此问题进行了几种算法的计算比较,计算结果验证了该求解方法的优越性。Shi 等[38]建立了一个多目标混合整数规划模型。除了降低总成本,该模型还优化了碳排放总量,提升了网络响应能力,提出了一种基于 NSGA-Ⅱ框架的改进遗传算法,并将该算法的计算性能与文献中基于权重求和技术的遗传算法进行了比较,以解决该问题并获得帕累托最优解。以中国 95 个城市为例的计算结果显示,该模型所提出的算法可以获得较好的帕累托最优解。高举红等[39]运用场景分析法研究了闭环供应链网络中产品需求及废旧品回收率的不确定性,基于 CO_2 排放、碳减排风险约束等重要的环境因素,提出了以最小化总运营、最小化碳排放为目标的随机混合整数规划模型,以决策闭环供应链网络结构中的设施布局和节点流量。此外,他们还通过实际算例的数值分析验证了所提模型的可靠性,设计了持有不同风险管理态度决策者的优化方案,平衡了总成本控制和碳减排风险之间的关系。Dehghan 等[40]在食用油供应链中开发了一种多产品、多时期的闭环供应链网络模型。由于该模型包括基于情景和基于模糊的两种不确定参数,他们提出了一种鲁棒随机混合整数规划模型来描述不确定参数。此外,他们还通过数值实验测试了鲁棒优化模型的性能。最后,他们通过实际的工业案例测试了所提模型的有效性和适用性。张鑫等[41]设计了以最小化运营成本和环境影响、最大化社会影响为目标函数的,考虑模糊参数的闭环供应链网络三目标混合整数规划模型。他们运用 Me 测度方法处理相应的模糊目标和模糊参数,使用加权增广 Epsilon 约束法处理多目标模型,并设计了一种遗传鲸鱼混合算法对问题进行求解。

结果证明,上述模型和算法具有可行性。

2.1.4 产业共生网络优化设计研究

产业共生网络的概念源于产业生态学。[42]1959年开始,丹麦卡伦堡工业园区开始实践通过将电厂、炼油厂等生产过程中的废弃物或者副产品转化为其余工厂生产所需原材料的方式减少城市的废弃物量,帮助企业产生了额外的经济效益。[43]美国国家科学院于1991年召开了一次研讨会,基于卡伦堡模式提出了产业生态学的概念。参会学者认为,产业生态学提出了一种在生产制造过程中不同企业相互交换资源的可持续发展的协同管理策略,即某一个生产单元不是孤立地存在于产业生态系统中,而是与系统中的其他生产单元一起协调发展。Jelinski等[44]系统阐述了产业生态学的基本概念和学科方法,讨论了产业生态学的分析框架。在此基础上,Chertow[45]介绍了产业生态学的一个新兴领域——产业共生。产业共生是将传统上独立的产业通过物质、能源、水或副产品等方式的交换,共同获得竞争优势的可持续过程。此外,Jelinski等[44]还介绍了从丹麦、奥地利等国家兴起的"产业共生网络",这种以交换为基础的新型运营模式使得共生网络中的关联企业在生态和经济上均能受益。

目前,产业共生网络的研究以基于具体案例的介绍与分析为主。Mirata[46]结合英国开展的区域级产业共生项目(regional industrial symbiosis programme,RISP)和国家级产业共生项目(national industrial symbiosis programme,NISP),讨论了产业共生项目中公性质、协同方压力、地区机构协调等因素在提升产业共生网络效果中发挥的作用,从而为促进区域产业共生网络的发展和运行提供了案例借鉴。Zhu等[47]调查了贵糖集团对内部和外部产业共生发展的开发过程。贵糖集团为了充分利用糖生产过程中产生的副产品,投资开发了直属的下游公司,从而产生了新的收入,降低了污染物排放和处置成本,同时提高了糖的质量。在内部,贵糖集团对包括糖、酒精、水泥、复合肥料和纸张在内的资源进行回收和再利用。在外部,贵糖集团因其良好的产品质量而建立了强大的客户基础。Domenech 等[48]基于欧洲产业共生案例,对产业共生网络项目负责人、从业者、政策官员和行业代表等开展了深入访谈,分析研究了产业共生的开展情况。研究结果表明,协同作用的地理范围取决于废物流/副产品类型、运输成本和辅助材料的市场价值。对于大多数网络而言,可交换的废物流类型包括化学品(例如化学基础产品)、生物质副产品、木材木屑颗粒、塑料、可重复使用的建筑材料、工业用水、余热和蒸汽等。该研究还讨论了一些现存的障碍,如欧洲产业共生发展面临的经济激励措施薄弱、政策支持机制差异、立法成本等问题。

生态工业园区建设是产业共生网络的重要实践[49]。Li 等[50]以宁东煤化生态工业园区为例,运用复杂网络理论分析了园区内产业共生网络的拓扑特征。结果表明,宁东煤化生态工业园区具有"无标度"和"小世界"特征。生态因素节点是衡量生态工业园区网络节点的关键性指标,一旦删除重要性前 10% 的节点,网络效率会降低 60%。保护最重要的节点对于维护产业共生网络的开发至关重要。该研究结果可以为提高产业共生网络弹性提供运营策略。Côté 和 Liu[51]运用多学科、多维度的综合方法,分析了德贝特(Debert)航空工业园区实施碳中和策略的实践经验,提出了"企业—园区"的组合策略以减少园区温室气体排放量。徐凌星等[52]以蛟洋循环经济示范园区为案例,综合运用生态效率、产业生态网络和物质流等定量分析方法,全面分析了 2012—2016 年该园区中的企业关联性,对园区目前的物质流形式、园区内关键企业的联动辐射效应、园区生态效率指数等内容进行了讨论,为传统工业园区向生态工业园区转型提供了理论指导。Park 等[53]对 2005—2010 年韩国国家生态工业园区开发计划的第一阶段进行了全面的总结,介绍了韩国在实施国家级产业生态发展战略计划方面的经验,分析了该计划的成功经验和限制因素,梳理了韩国在发展生态工业园区方面的经验教训。研究指出,通过第一阶段的实践,韩国建立了自己的产业生态发展模型,并将在第二和第三阶段继续推广产业生态方法。

部分学者也尝试运用优化决策的方法开展对产业共生网络的研究。Tiu 和 Cruz[54]以产业共生中的水交换网络为例,建立了一个以最小化运营成本和最小化淡水消耗为目标的双目标优化模型。结果表明,与仅考虑水量相比,在最小化环境影响的同时考虑水量和水质会产生更好的结果。研究还发现,经济成本和环境影响取决于赋予每个目标的优先级以及工艺处理的质量。Leong 等[55]提出了一种多目标优化方法,即按照建立产业共生网络的预定义标准和数字表示法对每个参与工厂的偏好进行排序。在这项工作中,他们开发了一种集成的层次分析法,以对产业共生网络进行最佳的资源配置。其所提出的多目标优化模型考虑了经济性能、环境影响、网络连接性和网络可靠性。他们通过一个综合的冷却水网络案例研究来说明所提出方法的有效性。Ren 等[56]研究了在化学复合物中实施产业共生的决策过程。他们通过将能值评估指标与多目标优化技术相结合,优化集成了工业系统的经济效益和可持续绩效。他们提出了一种多目标粒子群算法模型,决策者可以借助该模型从帕累托解中选择合适的解。例如,决策者可以在高利润率和高可持续性之间取得平衡。薛伟贤等[57]针对中国西部地区工业园区热电转换过程的不确定性开展了建模与优化设计,提出了指导西部地区生态工业园区建设的实施方案与发展对策。

2.1.5 绿色创新合作网络分析研究

创新是企业管理和社会治理的关键内容,创新能力是企业成功、社会进步的重要标志。[58,59]在资源要素不充分的情况下,现代企业的创新实践已从单纯的内部实施向内外部协同转变。[60]在创新活动的协同过程中,由企业、科研机构、高校、专家、技术人员等实体相互联系而成的创新合作网络有效整合了内外部资源,降低了单个实体的创新成本,极大地提升了全社会的创新效率。[61]一些综述性研究更加丰富了

创新合作网络理论。[62,63]

绿色创新是指个人、组织或社会通过绿色产品设计、绿色材料运用、绿色工艺实施、绿色政策制定等手段保持可持续竞争优势、探索可持续发展动力的管理过程。[64]绿色创新合作网络是创新合作网络中绿色可持续主题的典型形式。[65] Huang和Li[66]使用社会网络理论构建了一种绿色创新合作网络,分析了绿色创新和绩效之间的关系。他们运用结构方程模型来检验研究假设。结果表明,动态能力、协调能力和社会互惠感是绿色创新的重要驱动力,绿色产品创新和绿色流程创新对环境绩效和组织绩效具有积极影响。Marra等[67]调查了旧金山、纽约和伦敦的绿色科技公司,以确定它们的专业化程度、潜在的技术和市场互补性、新兴的集合体和特定集群。他们基于网络元数据对这三个大都市的绿色技术公司的技术创新进行网络分析,并从经济角度讨论了已识别网络在节点层面和网络层面的主要指标。研究结果显示,该方法有助于设计和实施有针对性的地方绿色创新政策,并可以促进创新公司、供应商、客户、风险资本家、大公司与参与绿色技术行业的研究实验室之间的紧密联系。

社会网络分析(social network analysis, SNA)方法是分析网络结合和特性的重要技术。[68]因此,在绿色创新合作网络的研究中,SNA方法被广泛应用。谢伟伟等[69]以绿色发展为视角,分析了由长三角城市群中41个主要城市构成的创新合作网络,通过导入引力模型获得了各个城市的创新联系强度,并通过社会网络分析方法调查了城市群绿色创新合作网络的结构特点。研究结果表明:发达城市在城市绿色创新合作网络中具有明显的核心节点、核心城市和核心区域的网络聚集效应;长三角城市群的绿色创新合作网络密度较低,创新要素的传递存在阻碍。Lyu等[70]重点围绕绿色技术,研究了企业、大学和研究机构之间的创新合作网络,运用社会网络分析和空间分析方法揭示了企业、大学和研究机构之间创新合作网络的时空演变。周青和梁超[71]基于长三角绿色制药协同创新合作网络,研究了"产、学、研"情境下绿色创新协同网络的演化情况,对绿色创新协同网络的动态性、共生性、自组织性和自增长性进行了分析。研究结果表明,产业的绿色协同创新离不开企业、高校、科研院所等社会多方的共同推动。

  交通运输行业作为影响公共交通和货品流动的重要社会部门,正面临技术转型升级的压力。[72]部分学者开始关注交通运输领域的绿色创新和创新合作。邓超等[73]介绍了运输行业中无人驾驶技术、车联网通信技术、无人机应用场景等绿色运输方面的前沿动态。Wagner[74]从宏观部门和微观企业的角度,分析了德国交通运输行业在产品/服务流程创新、市场新颖性、临时创新和计划创新等技术创新管理方面的经验。研究发现,本地供应商中只有30%是创新者,本地供应商创新较少依赖于结构化创新、新产品开发和新产品商业化流程,而通常以技术先进的基础设施和设备投资的形式出现。该研究建议,本地供应商应该更多地开展多种形式的创新活动。Zailani 等[75]调查了马来西亚运输公司采用绿色技术创新的成果。研究人员采用绿色技术创新问卷对马来西亚运输公司进行了调查,分析了 252 个公司样本。调查结果发现,人力资源质量、客户压力和环境不确定性对运输公司进行绿色创新产生了显著影响,而组织和政府的支持对其影响并不显著。此外,这项研究的结果还表明,绿色创新技术的采用与环境成果之间存在直接关系。Lin 等[76]使用随机抽样方法调查了某地混合动力汽车产业在市场需求、绿色创新、环境绩效和企业绩效等方面的关联性。研究结果表明,公司应加大客户管理,努力了解客户需求,并在绿色产品和流程的创新中提升核心竞争力,以使绿色倡议与消费者价值保持一致,从而满足市场需求并确保可持续发展。Sun 和 Rahwan[77]基于22 种交通杂志出版物的元数据,建立了共同作者网络,研究了交通研究中科学合作的结构。该网络为相关人员了解交通研究中的合作模式提供了依据。结果表明,在调查期(1990—2015 年),交通研究领域作者之间和研究机构之间的合作次数不断增加,不同学术期刊在合作模式方面有所差异。

2.1.6 面向可持续运营管理的决策支持系统研究

决策支持系统是指通过数据、模型和知识的信息化整合,辅助组织开展科学决策的先进系统。[78]决策支持系统在企业生产和社会运作的各个领域中都有着广泛的应用。Eom 等[79]对决策支持系统在企业运营管理中的应用实践进行了详细的回顾。一些关于决策支持系统在医疗[80]、信用管理[81]和商业风险管理[82]等领域中的最新研究综述也显示了决策支持系统的积极发展方向。

围绕组织在可持续运营管理方面的不同业务,不同学者开展了基于传统优化模型的决策支持系统研究。刘志峰等[83]总结了废旧产品在生产工艺、所处环境、剩余价值等方面的企业数据和专家经验,以改进型层次分析法和遗传算法模型为基础,开发了基于废旧产品回收流程评价的决策支持系统,并详细介绍了所建系统的基本架构和开发过程,对企业实施废旧产品的回收评价具有指导意义。Cai 等[84]基于优化建模、场景开发、用户交互、策略分析和可视化显示开发了一个交互式决策支持系统,以帮助决策者进行能源管理规划。这个交互式决策支持系统可以作为一个有效工具来分析能源和环境政策、区域/社区可持续发展战略、减排措施和气候变化。Allaoui 等[85]提出了一个基于可持续供应链计划的协作决策支持系统框架。该框架促进了跨网络的多方协作关系的发展,进而提高了所交付产品的可持续性。此外,该框架还展示了许多现有供应链计划系统中缺少的协作和可持续性功能,并通过一系列食品供应网络的试点计划对该系统进行了评估和验证。Tan 等[86]基于系统动力学方法开发了一个有效的海岸带集成管理决策支持系统。该系统考虑了包括驱动力、状态和响应指标集在内的系统动力学模型,用于整合导致此问题的众多相互关联的因素,并使用 STELLA 软件实现了基于系统动力学模型的决策支持功能。Teotonio 等[87]将现有的多准则决策模型应用于绿色屋顶的安装管理。该研究基于葡萄牙里斯本的一个实际案例,比较了 6 种停车场绿色屋顶方案,提出了基于麦克白方法的研究思路,并根据用户/投资者的偏好制定了平衡成本与收益的最佳绿色屋顶方案。这种方法支持了绿色屋顶建设的决策过程,并在优化建筑物改造的同时使城市规划的决策更加稳健和明智。

除了上述基于传统优化模型的决策支持系统的开发研究,一些新技术也被引入相关研究中。刘铮等[88]将地理信息系统(geographic information system,GIS)融入决策支持系统的构建中,建立了包括人机交互、模型库、知识库和数据库等在内的铁路绿色选线决策支持系统。在此基础上,陶克[89]提出了基于WebGIS技术的铁路绿色路线选择决策支持系统的完整解决方案。Rodríguez等[90]提出了一种基于机器学习的模糊逻辑决策系统来解决闭环供应链管理问题的新方法。在存在不确定因素的情况下,该系统在闭环供应链设计中集成了生产工厂的运营决策,以满足生产目标。他们所设计的决策支持系统能够排除供应链部分不平衡对原材料和成品库存的影响。另外,他们还开发了一套智能算法,用于监督工厂的运作和任务完成情况,以确保实现管理的过程目标。该算法在一家工业医院的洗衣房中进行了应用,结果令人满意,突出了该方案纳入工业4.0框架的潜力。

2.1.7 绿色可持续发展相关政策

绿色是生命的颜色,更是当代中国发展最鲜明的底色。坚持绿色发展,有利于增进人民幸福生活、建设美丽中国。"十三五"期间,绿色发展被首次写入国家的五年规划,污染防治力度加大,资源利用效率显著提升,生态环境明显改善。进入新发展阶段,中共十九大报告明确指出,我们要建设的现代化是人与自然和谐共生的现代化,既要创造更多物质财富和精神财富,以满足人民日益增长的美好生活需要,同时,也要提供更多优质生态产品以满足人民日益增长的优美生态环境需要。《中华人民共和国国民经济和社会发展第十四个五年规划和

2035年远景目标纲要》(简称"十四五"规划纲要)提出:推动绿色发展,促进人与自然和谐共生;到2025年,生态文明建设实现新进步,生态环境持续改善;到2035年,生态环境根本好转,美丽中国建设目标基本实现。由此可见,"十四五"规划纲要再次强调了绿色发展在我国现代化建设全局中的战略地位。

坚持绿色发展有利于促进人类命运共同体、全球生态链的建设。但同时,经济与社会的可持续发展是极其不容易的,需要一套完善的法规制度来保证。因此,中央和地方均出台多项政策推动绿色可持续发展。2017年10月,国务院办公厅发布《国务院办公厅关于积极推进供应链创新与应用的指导意见》(国办发〔2017〕84号),提出供应链具有创新、协同、共赢、开放、绿色等特征,推进供应链创新发展有利于建立覆盖设计、生产、流通、消费、回收等各环节的绿色产业体系。2021年2月,国务院发布《国务院关于加快建立健全绿色低碳循环发展经济体系的指导意见》(国发〔2021〕4号),重点强调了我国将开始建设绿色低碳循环发展体系和绿色低碳全链条,并对体系中的各个部分进行了任务安排。2017—2021年涉及绿色可持续发展的部分国家政策如表2.1所示。该类政策的详细内容见本书附录1至附录4。

表2.1 2017—2021年涉及绿色可持续发展的部分国家政策文件

政策文件名称	发布时间	发文部门	相关内容
《国务院办公厅关于积极推进供应链创新与应用的指导意见》	2017年10月	国务院办公厅	大力倡导绿色制造,积极推行绿色流通,建立逆向物流体系
《碳排放权交易管理办法(试行)》	2020年12月	生态环境部	明确了有关全国碳市场的各项定义,对重点排放单位纳入标准、配额总量设定与分配、交易主体、核查方式、报告与信息披露、监管和违约惩罚等方面进行了全面规定

(续表)

政策文件名称	发布时间	发文部门	相关内容
《国务院关于加快建立健全绿色低碳循环发展经济体系的指导意见》	2021年2月	国务院	全方位全过程推行绿色规划、绿色设计、绿色投资、绿色建设、绿色生产、绿色流通、绿色生活、绿色消费,使发展建立在高效利用资源、严格保护生态环境、有效控制温室气体排放的基础上,统筹推进高质量发展和高水平保护,建立健全绿色低碳循环发展的经济体系,确保实现碳达峰、碳中和目标,推动我国绿色发展迈上新台阶
《"十四五"循环经济发展规划》	2021年7月	国家发展和改革委员会	到2025年,循环型生产方式全面推行,绿色设计和清洁生产普遍推广,资源综合利用能力显著提升,资源循环型产业体系基本建立。废旧物资回收网络更加完善,再生资源循环利用能力进一步提升,覆盖全社会的资源循环利用体系基本建成。资源利用效率大幅提高,再生资源对原生资源的替代比例进一步提高,循环经济对资源安全的支撑保障作用进一步凸显
《关于深化生态保护补偿制度改革的意见》	2021年9月	中共中央办公厅、国务院办公厅	该文件清晰回答了"有效市场和有为政府"如何发挥合力、分类补偿与综合补偿如何统筹兼顾、纵向补偿与横向补偿如何协调推进、强化激励与硬化约束如何协同发力等生态保护补偿制度改革中的诸多难题,提出从生态保护成本、提升公共服务保障能力和体现受益者付费原则等3个维度深化改革,建立与经济社会发展状况相适应的生态保护补偿制度

(续表)

政策文件名称	发布时间	发文部门	相关内容
《关于推动城乡建设绿色发展的意见》	2021年10月	中共中央办公厅、国务院办公厅	促进区域和城市群绿色发展,建设人与自然和谐共生的美丽城市,打造绿色生态宜居的美丽乡村,建设高品质绿色建筑,提高城乡基础设施体系化水平,加强城乡历史文化保护传承,实现工程建设全过程绿色建造,推动形成绿色生活方式
《国务院关于印发2030年前碳达峰行动方案的通知》	2021年10月	国务院	将碳达峰贯穿于经济社会发展全过程和各方面,重点实施能源绿色低碳转型行动、节能降碳增效行动、工业领域碳达峰行动、城乡建设碳达峰行动、交通运输绿色低碳行动、循环经济助力降碳行动、绿色低碳科技创新行动、碳汇能力巩固提升行动、绿色低碳全民行动、各地区梯次有序碳达峰行动等"碳达峰十大行动"

在我国绿色可持续发展的探索中,实现碳达峰、碳中和目标被认为是经济社会一场广泛而深刻的系统性变革。碳达峰、碳中和"3060"目标如同一根具有非凡力量的"指挥棒",开启了低碳新时代,激发了整个社会的巨大热情,并成为社会转型的巨大动力。中共中央政治局在2022年1月24日下午就努力实现碳达峰、碳中和目标进行第三十六次集体学习,并再次针对碳中和进行深刻的分析,进一步落实了2022年关于双碳政策发展的基调。习近平总书记在该会议上发表重要讲话,强调要放眼国内国际两个大局,深刻总结我国双碳任务取得的成效,深入分析实现双碳目标的重要意义,为推进实现碳达峰、碳中和提供了指导思想与具体的行动指南,提出加强统筹协调、推动能源革命、推进产业优化升级、加快绿色低碳科技革命、完善绿色低碳政策体系、积极参与和引领全球气候治理六项具体要求。

为实现碳达峰、碳中和目标,我国地方政府积极响应,多地发布了相关政策规划等管理文件。从各地出台的政策来看,很多省(自治区、直辖市)都将实现双碳目标列为"十四五"期间的工作重点。此外,有些地方政府还出台了一些鼓励风电、光伏发展的政策,以减少电力行业产生的碳排放。例如,北京的"十四五"发展目标与任务提出,碳排放稳中有降,碳中和迈出坚实步伐,为应对气候变化作出北京示范。天津的"十四五"发展目标与任务提出,扩大绿色生态空间,强化生态环境治理,推动绿色低碳循环发展,完善生态环境保护机制体制。上海的"十四五"发展目标与任务提出,坚持生态优先、绿色发展,加大环境治理力度,加快实施生态惠民工程,使绿色成为城市高质量发展最鲜明的底色。内蒙古的"十四五"发展目标与任务提出,建设国家重要能源和战略资源基地、农畜产品生产基地,打造我国向北开放的重要"桥头堡",走出一条符合战略定位、体现内蒙古特色,以生态优先、绿色发展为导向的高质量发展新路子。新疆的"十四五"发展目标与任务提出,力争到"十四五"末,全区可再生能源装机规模达到 8 240 万千瓦,建成全国重要的清洁能源基地;立足新疆能源实际,积极谋划和推动碳达峰、碳中和工作,推动绿色低碳发展。河北的"十四五"发展目标与任务提出,制定实施碳达峰、碳中和中长期规划,支持有条件的市、县率先达峰;开展大规模国土绿化行动,推进自然保护地体系建设,打造塞罕坝生态文明建设示范区;强化资源高效利用,建立健全自然资源资产产权制度和生态产品价值实现机制。山西的"十四五"发展目标与任务提出,绿色能源供应体系基本形成,能源优势特别是电价优势进一步转化为比较优势、竞争优势。辽宁的"十四五"发展目标与任务提出,围绕绿色生态,单位地区生产总值能耗、二氧化碳排放达到国家要求。吉林的"十四五"发展目标与任务提出,巩固绿色发展优势,加强生态环境治理,加快建设美丽吉林。黑龙江的"十四五"发展目标与任务提出,推动创新驱动发展实现新突破,争当我国攻破更多"卡脖子"技术的开拓者。江苏的"十四五"发展目标与任务提出,大力发展绿色产业,加快推动能源革命,促进生产生活方式向绿色低碳转型,力争提前实现碳达峰,充分展现美丽江苏建设的自然生态之美、城乡宜居之美、水韵人文之美、绿色发展之美。浙江的"十四五"发展目标与任务提出,推动绿色循环低碳发展,坚决落实碳达峰、碳中和要求,实施碳达峰行动,大力倡导绿色低碳生产生活方式,推动形成全民自觉;非化石能源占一次能源比重提高到24%,煤电装机占比下降到42%。安徽的"十四五"发展目标与任务提出,强化能源消费总量和强度"双控"制度,提高非化石能源比重,为2030年前碳排放达峰赢得主动。福建的"十四五"发展目标与任务提出,深入贯彻习近平生态文明思想,持续实施生态省战略,围绕碳达峰、碳中和目标,全面树立绿色发展导向,构建现代环境治理体系,努力使生态环境更优美。山东的"十四五"发展目标与任务提出,打造山东半岛"氢动走廊",大力发展绿色建筑;降低碳排放强度,制定碳达峰碳中和实施方案。河南的"十四五"发展目标与任务提出,构建低碳高效的能源支撑体系,实施电力"网源储"优化、煤炭稳产增储、油气保障能力提升、新能源提质工程,增强多元外引能力,优化省内能源结构,持续降低碳排放强度,煤炭占能源消费总量比重降低5个百分点左右。湖北的"十四五"发展目标与任务提出,推进"一主引领、两翼驱动、全域协同"区域发展布局,加快构建战略性新兴产业引领、先进制造业主导、现代服务业驱动的现代产业体系,建设"数字湖北",着力打造国内大循环重要节点和国内国际双循环战略链接。湖南的"十四五"发展目标与任务提出,落实国家碳排放达峰行动方案,调整优化产业结构和能源结构,构建绿色低碳循环发展的经济体系,促进经济社会发展全面绿色转型,加快构建产权清晰、多元参与、激励约束并重的生态文明制度体系。广东的"十四五"发展目标与任务提出,打造规则衔接示范地、高端要素集聚地、科技产业创新策源地、内外循环链接地、安全发展支撑地,率先探索有利于形成新发展格局的有效路径。海南的"十四五"发展目标与任务提出,提升清洁能源、节能环保、高端食品加工三个优势产业,清洁能源装机占比达80%左右,可再生能源发电装机新增

400万千瓦,清洁能源汽车保有量占比和车桩比达到全国领先水平。四川的"十四五"发展目标与任务提出,单位地区生产总值能源消耗、二氧化碳排放降幅完成国家下达目标任务,大气、水体等质量明显好转,森林覆盖率持续提升;粮食综合生产能力保持稳定,能源综合生产能力显著增强,发展安全保障更加有力。陕西的"十四五"发展目标与任务提出,生态环境质量持续好转,生产生活方式绿色转型成效显著,三秦大地山更绿、水更清、天更蓝。甘肃的"十四五"发展目标与任务提出,用好碳达峰、碳中和机遇,推进能源革命,加快绿色综合能源基地建设,打造国家重要的现代能源综合生产基地、储备基地、输出基地和战略通道;坚持把生态产业作为"转方式、调结构"的主要抓手,推动产业生态化、生态产业化,促进生态价值向经济价值转化,加快发展绿色金融,全面提高绿色低碳发展水平。

2.1.8 研究概括总结

回顾现有国内外研究,绿色可持续、运营管理、闭环供应链网络、产业共生网络、绿色创新合作网络和面向可持续运营管理的决策支持系统的研究都受到了极大关注。总结这些领域的大量文献,现有研究主要有如下五个特点和不足。

(1) 与"绿色可持续"相关的研究涉及运营管理操作、战术和战略等多个层次,且被持续关注。其中,"网络"这一概念是讨论的热点方向,涉及运营管理中各类网络的内涵描述、节点构成、优化设计、评价考核等。然而,在指导企业在不同层次的"网络优化设计与分析"中开展和实施绿色可持续运营管理方面,已有研究尚未形成一套包括基本概念、方法技术和研究层次在内的集成性的理论体系框架。

(2) 对正向/逆向合并的闭环供应链网络开展物流设施网络的优化设计是闭环供应链网络研究的重点,其研究方法是构建数学优化模型。已有研究对闭环供应链网络的物流设施设计开展了基于经济和环境的双目标优化,并涉及网络中的需求不确定概念。但现有模型研究还未对经济和环境双目标以及不确定性环境进行集成研究。

（3）产业共生网络的研究以关联性企业之间产业共生的案例分析为主，副产品的再处理与交换产业共生网络是核心活动，兼顾经济、环境和社会的三类关切是产业共生网络的主要特点。研究人员通过优化模型可以刻画产业共生网络中的主要设施类别、设施间的物质再处理与交换活动，从而对经济、环境和社会多目标情境下的产业共生活动进行科学决策。但现有研究中的优化模型研究不多，尚未出现适用于此类型问题的三目标数学优化模型和决策优化方案。

（4）绿色创新合作网络研究主要开展了绿色技术合作的技术讨论以及绿色创新与运营绩效的影响分析等，其主要方法是社会网络分析。但对于包含各类组织参与的行业绿色创新合作网络，基于一手数据的网络分析问题研究较少。

（5）模型化的决策支持系统和面向特定业务领域展开的可持续决策支持系统是决策支持系统研究的热点方向。但集成多层次网络优化设计与分析中的数据、流程、方法等关键要素，进而开展面向可持续运营决策支持系统设计的研究尚未被发现，而这一方向的探索可以丰富该领域的理论与实践。

基于上述对现有研究成果的讨论，本书综合运用网络优化设计与分析方法，开展多层次的绿色可持续运营管理研究，以期为企业构建不同层次的网络、提升综合的绿色可持续竞争力提供理论指导和方法参考。

2.2 "IE³绿色屋"理论体系框架

2.2.1 总框架

综合第2.1节国内外研究概况的分析结果，并借鉴钱学森关于系统科学理论的三级模型[91]，本书提出了如图2.4所示的"IE³绿色屋"

理论体系架构,以期为后续的具体研究奠定理论基础,以及为企业达成经济、环境和社会三方面均衡发展的绿色可持续运营管理目标提供指引。

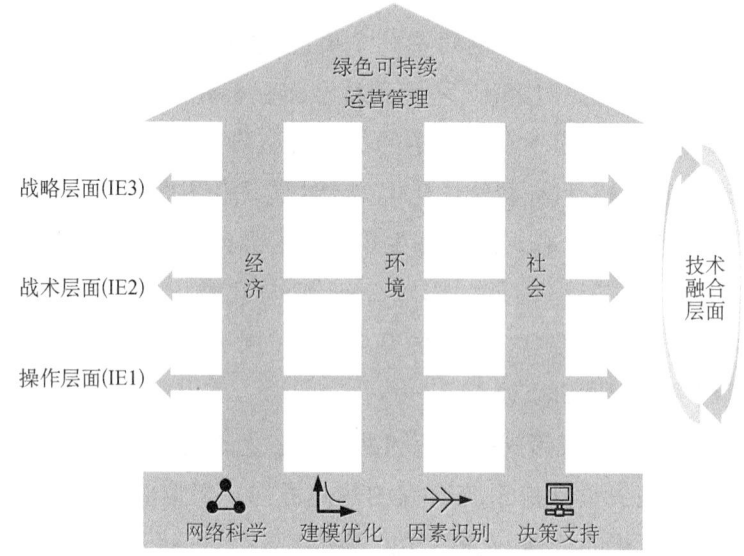

图 2.4 "IE³ 绿色屋"理论体系架构

2.2.2 理论基础

理论方法的确定是解决网络优化设计与分析问题的前提。本书的研究问题涉及运营管理的多个层次,不同层次的问题所需要的解决方法和技术也不尽相同。

首先,本书研究的主要内容是绿色可持续运营管理中的网络相关问题。网络科学主要研究网络的拓扑结构、性质及功能,是一门探索大规模复杂网络问题的交叉学科。[92]借鉴经典图论的概念,一组网络可以抽象定义为一个有序集合 $N(V, E)$。[93]其中,V 是网络中所有节点的集合,E 是网络中连接各节点之间边的集合。在本书中,闭环供应链网络主要由以物流设施为代表的节点和以节点之间运输线路为代表的边构成。其中,配送、转运等物流设施的地理布局、产能评估、固定成本和环境影响,运输线路渠道的运输成本、运输排放、运输模式,以及设施与线路共同影响下的网络性能等都是闭环供应链网络设计关注的重点内容。在产业共生网络的研究中,以副产品再处理与交换的关联性企业为代表性节点的地理布局不适合进行重大调整,而设施节点之间关于副产品、原材料、水、能源等物质的流动方向和流量的优化方案是产业共生网络研究的关键。绿色创新合作网络是宏观层面的复杂网络系统,网络节点成员由个人、企业等实体共同组成,实体之间的互动关系构成了绿色创新合作网络的边。如何构建复杂的绿色创新合作网络,进而识别网络中的重要节点和重要合作关系,是绿色创新合作网络的研究重点。

其次,在借助网络科学构建对应问题的抽象网络模型后,"网络优化设计与分析"是本书处理相关问题的核心技术方法。在微观的操作层面和中观的战术层面,网络最优化技术运用数学建模方法研究网络问题中节点与边的具体设计方案,以便为企业的网络运营管理者提供科学量化的决策依据。当具体研究问题的模型构建完成后,网络最优化技术可以使问题在若干明确的约束条件下,以事前确定的目标函数达到最大化或者最小化为目标,确定可变决策变量的具体取值,从而使网络性能达到系统最优。根据 2.1 节的文献回顾分析,混合整数规划方法适合网络模型构建,拉格朗日松弛和 Epsilon 约束法适合多目标模型的求解。这些方法都是企业在运营管理过程中进行网络最优化设计的技术方法。在宏观的战略层面,网络分析技术可以用于分析网络演化动力学规律、网络基本结构特征和网络重要节点等问题,适用于节点多、关系复杂的大型网络,为企业运营和政府政策的制定提供决策依据。根据 2.1 节的文献回顾分析,社会网络分析法是对由网络科学方法构建的网络模型进行网络综合分析的常用方法,运用社会网络分析法所得到的网络中隐含的信息和知识,可以为网络管理提供强有力的决策支持。

最后，本书拟通过信息系统集成的方法对三层次网络的优化设计与分析进行平台化的整合，为企业及利益相关者提供相关数据、信息、业务和流程等一站式决策服务。决策支持系统可以为企业管理决策者开展问题分析、模型建立、决策过程仿真和方案演示等提供平台化环境。通过调用相关业务的信息资源和量化分析工具，决策支持系统可以帮助管理决策者提高决策的科学定量化水平。本书所提出的"面向绿色可持续运营管理的决策支持系统概念设计"研究，需要在总结已有三层次网络优化设计与分析的基础上，进一步依托决策支持系统的开发流程，开展三层次网络的数据、模型、信息和知识的归纳与提炼，确定系统架构、功能和应用场景，为决策支持系统的代码测试等后续详细设计提供参考。

2.2.3 可持续"三支柱"理论

可持续发展理论最早出现于1980年世界自然保护联盟（International Union for Conservation of Nature，IUCN）发表的《世界自然资源保护大纲》中。[94] 该文件强调："必须研究自然的、社会的、生态的、经济的以及利用自然资源过程中的基本关系，以确保全球的可持续发展。"2015年9月25日，联合国可持续发展峰会确立了社会、经济和环境三个维度的17个可持续发展目标（Sustainable Development Goals，SDGs）。[95]

由2.1的文献回顾可知，社会、经济和环境被学术界、工业界广泛定义为可持续发展的"三支柱"。可持续"三支柱"理论从经济、环境和社会的不同研究视角，帮助企业思考运营管理的可持续性，是"IE³绿色屋"理论体系的重要支撑，为后续的闭环供应链网络设计、产业共生网络设计提供了网络模型的目标函数构建依据，也为绿色创新合作网络的分析提供了理论基础。在可持续"三支柱"理论中，经济目标是最优化模型常用的测量维度。经济目标包括网络物流设施的固定运营成本、仓储库存成本、原材料的处理成本、运输线路的运输成本、运输模式选择成本、节点设施和运输的用工成本等。在绿色可持续概念发展的过程中,关于环境目标的测量研究也不断完善丰富。比如,CO_2 排放水平、环境承载力、能源消耗等被一些绿色可持续运营管理研究人员列为环境目标的关键要素。社会目标的测量是面向绿色可持续优化模型研究中的新兴概念,侧重于就业数量、社区福利规模等概念的量化评估。在宏观大规模复杂网络的分析中,网络结构、特征和动力学演化等对经济、环境和社会的影响也是主要的分析视角。

2.2.4 研究层次

从系统工程的角度来看[96],本书是绿色可持续运营管理主题下若干不同问题背景子系统的有机整体。从本质上来看,本书研究的三个主题(工业工程、创新创业、产业生态)从属于不同的学科,相关研究成果可以解决操作层面、战术层面和战略层面的运营管理问题。本书提出的集成三个主题的决策支持系统概念设计方案,为企业多领域的运营管理实践提供了整体化方案。

本书将"IE^3 绿色屋"理论体系涉及的若干具体问题的研究层次划分为三层体系结构,即操作层、战术层和战略层。"IE^3 绿色屋"理论体系的操作层主要关注企业运营管理中内部运作管理和运营效率的提升,如单个核心企业的供应链物流设施网络的计划、组织、设计和运营。"IE^3 绿色屋"理论体系的战术层主要解决关联性企业间协同网络的优化设计问题。比如,原本从属于各自供应链的多个核心企业,通过建立部分资源再利用的新生产关系,将孤立的供应单链进行局部有效组合,开展具有生态共生特征的运营管理。"IE^3 绿色屋"理论体系的战略层则更关注商业模式和商业生态方面的运作管理,如商业活动中的大规模复杂网络的识别、构建与分析,从而为企业和政府在产品设计开发、商业模式分析和行业政策制定上提供科学决策依据。

2.3　本章小结

本章通过对本书所讨论的若干网络优化设计与分析问题的相关文献进行回顾分析,明确了现有研究的发展趋势和不足。同时,本章将文献调研结果和研究内容相结合,提出了包含理论基础、研究视角和研究层次的"IE^3绿色屋"理论体系框架,为后续具体研究的开展奠定了理论基础和方法指引。

3 "IE³绿色屋"操作层面研究：闭环供应链网络优化设计问题

3.1 问题背景

本章以闭环供应链网络为例，从"IE³绿色屋"的操作层面进行研究，主要解决企业在内部运营管理过程中如何实施正向与逆向物流相结合的闭环供应链网络优化设计问题。

供应链的绿色可持续运营可以帮助企业应对日益增加的环境压力，是企业可持续运营管理的重要内容。[97]在传统的正向供应链中，将产品运送至客户手中是企业运营的终点。然而，运输至末端客户的不符合要求的产品或客户退货的产品仍有价值值得进一步挖掘。具体而言，企业可以从反向输送退货产品的逆向物流以及退货物品的再制造过程中获取额外的利润，同时也能在一定程度上保护环境。现有文献中包含正向/逆向需求不确定波动和经济/环境双目标的运作优化研究内容较少，而在实际的闭环供应链网络运营中，不确定因素是企业面临的重要挑战。

本书构建了一个多层级、多产品、多目标的绿色闭环供应链网络，网络设施包括生产点、修复点、配送点、收集点、拆解点和客户点等，网络结构如图 3.1 所示。在绿色可持续闭环供应链网络中，本书设计了一套考虑环境水平限制和需求不确定波动的设施节点布局方案，以满足不确定环境下不同客户点、不同产品的正向/逆向物流运输需求。

在本书设计的闭环供应链网络中,产品的主要流向为:①新产品由生产点制造后经配送点运送到客户点;②退货产品通过逆向渠道从客户点被统一收集、分类和再运输;③大部分可以返修的产品会被送到修复点进行处理,进而再送回生产点;④少量的废旧产品会被运到拆解点,从拆解点返回的零件必须送回生产点,以便进行后续的再制造生产。

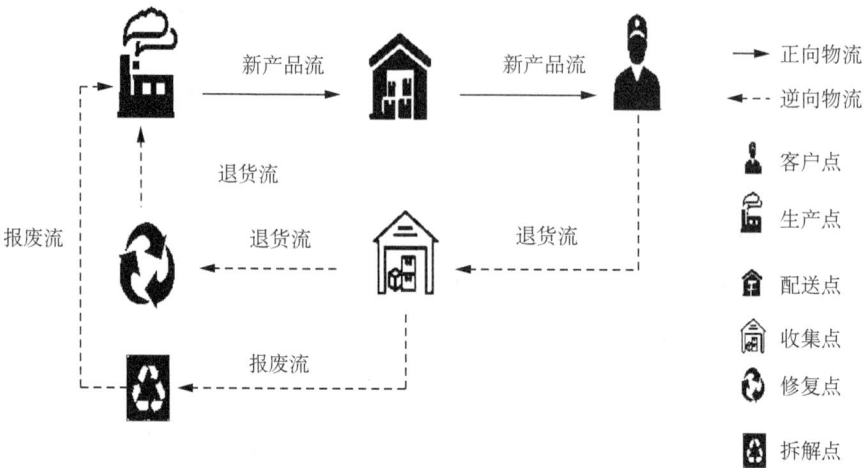

图 3.1　绿色闭环供应链网络结构

在设施选址的模型决策变量中,本书引入了环境水平等级和设施容量等级的概念。具体而言,本书强调了以运输渠道和设施节点的 CO_2 排放水平为代表的环境因素在闭环供应链网络设计中的作用。1.2.1 节关于闭环供应链网络优化设计的文献综述表明,CO_2 排放水平是学者普遍关注的一个环境因素。为了简化模型,本书将 CO_2 排放水平作为描述运输渠道和设施节点的唯一环境影响。CO_2 排放水平对设施的影响与多种因素有关,包括设施的电力选择、建筑材料保温效果和运输工具选择等。在管理实践中,设施的环境保护水平越高,其 CO_2 排放水平就越低,但企业对环境保护的投资就越大。在本章的研究中,环境等级以离散的形式进行设置,即用 1、2、3 代表 CO_2 排放水平对应的三个环保等级。管理者可以根据企业的历史数据收集和分析各种设施(工业用电、天然气、煤炭资源、原油等使用)大致的 CO_2 排放水平,从而区分不同环境水平对应 CO_2 排放量的上限和下限。通常情况下,制造型企业的 CO_2 排放量远远大于服务型企业。同样,在闭环供应链网络运行过程中,管理人员还需要根据产品的产量或重量等要素,列出设施的容量水平等级要求。总体而言,闭环供应链网络系统的环境水平越高,网络系统运行所需的成本就越大。

本章研究的一个挑战是需求环境的不确定性。在传统供应链网络中,客户正向需求的不确定性往往是重点考虑因素。而在闭环供应链网络中,某一产品的退货率可能保持一个相对稳定的值,但客户对新产品需求的不确定性直接导致了逆向渠道退货数量的不确定性。因此,本章采用基于场景的方法来处理不确定的随机环境。

基于环境层面及不确定需求环境的综合考虑,本章提出了一种双目标随机混合整数规划模型,该模型集成了最小化 CO_2 排放量和最小化运营成本两个优化目标。该模型的两个目标具体为:①最小化闭环供应链的设施和产品流中 CO_2 排放的总量;②最小化闭环供应链的总运营成本(包括产品生产、运输、修复、分解和库存等)。

为了保证数学模型的准确性,下列假设需要被提前设定:①闭环供应链网络中与模型参数相关的初始信息(包括每一个已知设施节点和备选设施节点的地理位置,与产品生产、分配和再制造相关的单位成本,各类设施的环境水平等级和容量水平等级的可能取值等);②备选设施应能满足不同客户点的正向产品需求和逆向退货需求;③固定设施的 CO_2 排放水平仅由战略层次的因素决定,即设施在中长期运营中的环境等级选择;④所有返修产品的外观与正向产品保持不变,在逆向物流阶段,容量的计算不会受到影响。

3.2 模型构建

3.2.1 符号

1) 下标和集合

(1) i 代表客户点。

(2) I 代表客户点集合。

(3) j 代表配送/收集点。

(4) J 代表潜在的配送/收集点的集合。

(5) k 代表生产/修复点。

(6) K 代表潜在的生产/修复点的集合。

(7) m 代表拆解点。

(8) M 代表潜在的拆解点集合。

(9) p 代表产品类型。

(10) P 代表产品类型集合。

(11) c 代表设施 CO_2 排放等级。

(12) C 代表设施 CO_2 排放等级集合。

(13) g 代表设施产能等级。

(14) G 代表设施产能等级集合。

(15) s 代表场景。

(16) S 代表场景集合。

2) 参数

(1) $\dot{d}_{kj}$ 代表生产/修复点 k 与配送/收集点 j 的直线距离。

(2) $\ddot{d}_{ji}$ 代表配送/收集点 j 与客户点 i 的直线距离。

(3) $\dddot{d}_{jm}$ 代表配送/收集点 j 与拆解点 m 的直线距离。

(4) f_{cgk} 代表以容量等级 g 和环境等级 c 运营生产/修复点 k 的固

定成本。

(5) $\ddot{f}_{cgj}$ 代表以容量等级 g 和环境等级 c 运营配送/收集点 j 的固定成本。

(6) $\dddot{f}_{cgm}$ 代表以容量等级 g 和环境等级 c 运营拆解点 m 的固定成本。

(7) $\dot{a}_{pk}$ 代表生产/修复点 k 生产产品 p 的单位生产成本。

(8) $\ddot{a}_{pk}$ 代表生产/修复点 k 修复返修产品 p 的单位修复成本。

(9) $\dot{b}_{pj}$ 代表配送/收集点 j 配送产品 p 的单位处理成本。

(10) $\ddot{b}_{pj}$ 代表配送/收集点 j 回收返修产品 p 的单位处理成本。

(11) v_{pm} 代表在拆解点 m 拆解报废产品 p 的单位处理成本。

(12) h_p 代表存储产品 p 的单位库存成本。

(13) $\dot{o}_{gk}$ 代表生产/修复点 k 在容量等级为 g 时的产品生产能力容量。

(14) $\ddot{o}_{gk}$ 代表生产/修复点 k 在容量等级为 g 时的产品修复能力容量。

(15) $\dot{q}_{gj}$ 代表配送/收集点 j 在容量等级为 g 时配送正向产品的产品容量。

(16) $\ddot{q}_{gj}$ 代表配送/收集点 j 在容量等级为 g 时回收逆向退货产品的产品容量。

(17) z_{gm} 代表拆解点 m 在容量等级为 g 时拆解报废产品的产品容量。

(18) $\dot{e}_{ck}$ 代表生产/修复点 k 在环境等级为 c 时的 CO_2 固定排放量。

(19) $\ddot{e}_{cj}$ 代表配送/收集点 j 在环境等级为 c 时的 CO_2 固定排放量。

(20) $\dddot{e}_{cm}$ 代表拆解点 m 在环境等级为 c 时的 CO_2 固定排放量。

(21) $\tilde{d}_{pis}$ 代表客户点 i 在场景 s 下产品 p 的需求。

(22) w_s 代表场景 s 的概率。

(23) $\dot{r}$ 代表平均退货率。

(24) $\ddot{r}$ 代表平均报废率。

(25) x_p 代表一单位正向(逆向)产品 p 所占据车辆的容量。

(26) y_p 代表一单位正向(逆向)产品 p 与一单位设施容量之间的转化系数。

(27) i 代表运输车辆每千米的运输成本。

(28) i 代表运输车辆每千米的 CO_2 排放量。

3) 决策变量

(1) α_{pkjs} 代表在场景 s 下,产品 p 从生产/修复点 k 运输到配送/收集点 j 的量。

(2) β_{pjks} 代表在场景 s 下,待修复产品 p 从配送/收集点 j 运输到生产/修复点 k 的量。

(3) η_{pjis} 代表在场景 s 下,产品 p 从配送/收集点 j 运输到客户点 i 的量。

(4) μ_{pijs} 代表在场景 s 下,产品 p 从客户点 i 运输到配送/收集点 j 的量。

(5) φ_{pjms} 代表在场景 s 下,产品 p 从配送/收集点 j 运输到拆解点 m 的量。

(6) ω_{cgk} 代表布尔型变量,当某一生产/修复点 k 在排放控制等级为 c 和容量等级为 g 的情况下运营时,该变量等于1,否则为0。

(7) ψ_{cgj} 代表布尔型变量,当某一配送/收集点 j 在排放控制等级为 c 和容量等级为 g 的情况下运营时该变量等于1,否则为0。

(8) ξ_{cgm} 代表布尔型变量,当某一拆解点 m 在排放控制等级 c 和容量等级 g 的情况下运营时该变量等于1,否则为0。

3.2.2 目标函数

本节主要研究多目标、多产品和不确定需求下闭环供应链网络优化模型目标函数的构成:第一个子目标函数是闭环供应链网络的总运营成本,第二个子目标函数是闭环供应链网络的 CO_2 排放总量。研究的目的是在绿色可持续的闭环供应链网络设计中实现成本效益和环境影响之间的平衡。下面我们用 3.2.1 节中描述的数学符号来构建闭环供应链网络优化模型的两个子目标函数。

首先,我们将整个闭环供应链网络的总运营成本最小化视为第一个子目标。这个子目标函数包括配送/收集各类产品的运输成本、各类设施的固定运营成本、各类产品的可变成本、各类产品的库存成本四个子项目的函数,其表达式如下。

通过正向和反向物流渠道交付产品的运输成本函数为:

$$TC = \sum_{s \in S} w_s \Big\{ \Big[\sum_{j \in J, k \in K, p \in P} \dot{d}_{kj} t (\alpha_{pkjs} + \beta_{pjks}) x_p \Big]$$
$$+ \Big[\sum_{j \in J, i \in I, p \in P} \ddot{d}_{ji} t (\eta_{pjis} + \mu_{pijs}) x_p \Big]$$
$$+ \Big[\sum_{p \in P, m \in M, j \in J} \dddot{d}_{jm} t \varphi_{pjms} x_p \Big] \Big\}$$

所有设施的固定运营成本函数为:

$$FC = \sum_{g \in G, c \in C} \Big(\sum_{k \in K} \omega_{cgk} \dot{f}_{cgk} + \sum_{j \in J} \psi_{cgj} \ddot{f}_{cgj} + \sum_{m \in M} \xi_{cgm} \dddot{f}_{cgm} \Big)$$

与产品相关的制造、回收、分配、修复和拆卸的可变成本函数为:

$$VC = \sum_{s \in S} w_s \Big\{ \Big[\sum_{k \in K, j \in J, p \in P} (\alpha_{pkjs} \dot{a}_{pk} + \beta_{pjks} \ddot{a}_{pk}) \Big]$$
$$+ \Big[\sum_{j \in J, p \in P, i \in I} (\eta_{pjis} \dot{b}_{pj} + \mu_{pijs} \ddot{b}_{pj}) \Big]$$
$$+ \Big[\sum_{m \in M, j \in J, p \in P} \varphi_{pjms} v_{pm} \Big] \Big\}$$

在配送点/回收点储存产品的库存成本函数为：

$$HC = \sum_{s \in S} w_s \Big[\sum_{j \in J, i \in I, p \in P, k \in K} h_p (\alpha_{pkjs} + \beta_{pjks} + \eta_{pjis} + \mu_{pijs} + \varphi_{pjms}) \Big]$$

其次，本模型的第二个子目标是使物流运输和设施运营等操作产生的 CO_2 排放总量最小化。该子目标中所涉及的两个子项目的函数表达式如下。

设施运营的 CO_2 排放量函数为：

$$FE = \sum_{g \in G, c \in C} \Big(\sum_{j \in J} \psi_{cgj} \ddot{e}_{cj} + \sum_{k \in K} \omega_{cgk} \dot{e}_{ck} + \sum_{m \in M} \xi_{cgm} \dddot{e}_{cm} \Big)$$

物流运输的 CO_2 排放量函数为：

$$TE = \sum_{s \in S} w_s \Big\{ \Big[\sum_{p \in P, j \in J, k \in K} \dot{d}_{kj} \ddot{t} (\alpha_{pkjs} + \beta_{pjks}) x_p \Big]$$

$$+ \Big[\sum_{j \in J, p \in P, i \in I} \ddot{d}_{ji} \ddot{t} (\eta_{pjis} + \mu_{pijs}) x_p \Big]$$

$$+ \Big[\sum_{m \in M, p \in P, j \in J} \dddot{d}_{jm} \ddot{t} \varphi_{pjms} x_p \Big] \Big\}$$

根据以上分析，两个子目标函数的表达式如下。

子目标 1：Min $f_1 = TC + FC + HC + VC$

子目标 2：Min $f_2 = TE + FE$

需要注意的是，在子目标 2 中应该存在一个"可变"部分，即产品在设施点的生产、配送、回收和拆解等动作中都有可能产生 CO_2。为了简化数学建模，本研究设定固定设施的 CO_2 排放量仅由战略层次的因素决定，如物流运输、设施运营环境等。根据企业经验，与生产一定数量的产品所产生的 CO_2 排放量相比，运行一个固定设施的 CO_2 排放量要大得多。

3.2.3 数学模型

根据前面的描述，闭环供应链网络的数学优化模型 MIE－1 的具体结构如下：

$$\text{Min } f_1 = TC + FC + HC + VC \qquad (3-1)$$

$$\text{Min } f_2 = TE + FE \qquad (3-2)$$

其约束条件如下：

$$\sum_j \eta_{pjis} \geq \tilde{d}_{pis} \quad \forall p \in P, i \in I, s \in S \qquad (3-3)$$

$$\sum_j \mu_{pijs} \geq \tilde{d}_{pis} \dot{r} \quad \forall p \in P, i \in I, s \in S \qquad (3-4)$$

$$\sum_k \alpha_{pkjs} = \sum_i \eta_{pjis} \quad \forall p \in P, j \in J, s \in S \qquad (3-5)$$

$$\sum_k \beta_{pjks} = \sum_i (1 - \ddot{r}) \mu_{pijs} \quad \forall p \in P, j \in J, s \in S \qquad (3-6)$$

$$\sum_m \varphi_{pjms} = \sum_i \ddot{r} \mu_{pijs} \quad \forall s \in S, j \in J, p \in P \qquad (3-7)$$

$$\sum_p \sum_j \beta_{pjks} \leq \sum_p \sum_j \alpha_{pkjs} \quad \forall k \in K, s \in S \qquad (3-8)$$

$$\sum_p \sum_j y_p \alpha_{pkjs} \leq \sum_c \sum_g \dot{o}_{gk} \omega_{cgk} \quad \forall k \in K, s \in S \qquad (3-9)$$

$$\sum_p \sum_k y_p \alpha_{pkjs} \leq \sum_c \sum_g \dot{q}_{gj} \psi_{cgj} \quad \forall j \in J, s \in S \qquad (3-10)$$

$$\sum_p \sum_i y_p \mu_{pijs} \leq \sum_c \sum_g \dot{q}_{gj} \psi_{cgj} \quad \forall j \in J, s \in S \qquad (3-11)$$

$$\sum_p \sum_j y_p \beta_{pjks} \leq \sum_c \sum_g \ddot{o}_{gk} \omega_{cgk} \quad \forall k \in K, s \in S \qquad (3-12)$$

$$\sum_p \sum_j y_p \varphi_{pjms} \leq \sum_c \sum_g z_{gm} \xi_{cgm} \quad \forall m \in M, s \in S \qquad (3-13)$$

$$\sum_g \sum_c \omega_{cgk} \leq 1 \quad \forall k \in K \qquad (3-14)$$

$$\sum_g \sum_c \psi_{cgj} \leq 1 \quad \forall j \in J \qquad (3-15)$$

$$\sum_g \sum_c \xi_{cgm} \leq 1 \quad \forall m \in M \qquad (3-16)$$

$$\sum_c \sum_k \sum_g \omega_{cgk} \geqslant 1 \qquad (3-17)$$

$$\sum_c \sum_k \sum_g \omega_{cgk} \geqslant 1 \qquad (3-18)$$

$$\sum_c \sum_m \sum_g \xi_{cgm} \geqslant 1 \qquad (3-19)$$

$$\alpha_{pkjs}, \beta_{pjks}, \eta_{pjis}, \mu_{pijs}, \varphi_{pjms} \geqslant 0 \qquad (3-20)$$

其中，$\forall p \in P, i \in I, m \in M, k \in K, s \in S, j \in J$。

$$\omega_{cgk}, \psi_{cgj}, \xi_{cgm} \in \{1,0\} \qquad (3-21)$$

其中，$\forall j \in J, g \in G, k \in K, c \in C, m \in M$。

式(3-1)和式(3-2)描述了总成本和CO_2排放总量。式(3-3)和式(3-4)确保在客户点产生的所有产品的需求得到满足，并确保从客户点回收的所有逆向物流产品被完全收集。式(3-5)~式(3-8)确保产品流在闭环供应链网络设施中输入/输出的一致性。式(3-9)~式(3-13)表明各类设施的容量限制。式(3-14)和式(3-16)确保每个设施在容量水平或环境排放水平方面只有一个选择。式(3-17)~式(3-19)强调各类设施的每个备选点只能有一个环境保护水平和能力水平的组合。式(3-20)和式(3-21)确保所有二进制变量和非负性变量都满足模型要求。

一些研究表明[98,99]，具有提前给定需求的供应链设施选址问题是"NP难"问题。由此推断，本章所提出的包含正向/逆向物流在内的不确定环境下的闭环供应链网络的模型也是"NP难"问题。

3.3 求解方法

3.3.1 目标函数加权转化法

多目标优化建模领域有几个常用方法，如模糊多目标规划法[100]和遗传进化算法[101]等。同时，当处理一个双目标随机问题时，模型的解应该是由代表两个目标函数之间权衡的若干解所构成的帕累托前沿,而不是一个唯一确定解。

在求解由混合整数规划模型构成的多目标优化模型的实践中,目标函数加权转化方法因其操作的便捷性而被广泛应用。[102]因此,本章采用这一方法对双目标模型进行目标函数转化。该方法先通过对不同的目标函数赋予不同的权重系数值将两个目标函数合并为一个统一的新目标函数,然后通过对不同权重下新目标函数的求解得到一组帕累托最优解。[103]具体表达式如下:

$$\text{Min } f = (1-\lambda)f_1 + \lambda f_2 \qquad (3-22)$$

在实践中,式(3-22)中权重系数 λ 的值表明环境保护目标的重要性。具体而言,λ 可以设置为 0 到 1 之间的任意值,而在两个临界值之间设定步长 0.1 的渐进式过渡是一个比较普遍的做法。[106]对于不同类型的问题,我们可以通过调整步长提高解决问题的效率。在数值实验中,我们可以通过改变 λ 取值获得一系列不同的解决方案。非支配解存在于多目标模型求解所获得的解集中,利用非支配解可以得到帕累托前沿。如果权重系数 λ 的值设置为 0 或者 1,那么式(3-22)即表明所求模型的目标函数只有成本或环境这两个目标函数中的一个,这是双目标优化模型的极端情况。因此,如果权重系数 λ 的取值在区间 (0,1)内,即可以认为双目标模型同时考虑了成本和环境两个目标函数。

在目标函数加权转化法的实现过程中,调整量纲是必要的步骤。在本书提出的模型中,这两个目标函数的量纲可能存在不一致的情况,并且两个目标函数对应的两个计算值的大小也可能不同。因此,调整量纲是必要的步骤。例如,让两个目标函数中的某一个函数乘以一个代替量级,式(3-1)和式(3-2)就有了相同的量纲。不可避免地,一些测试实验应该提前完成,以获得一个合适的替代量级。

3.3.2 拉格朗日松弛法

拉格朗日松弛法是一种被广泛使用的获得最优化研究问题下界的方法。该方法也可用于解决混合整数规划问题并获得可接受的原始解。[104,105]例如,通过引入乘子θ_{pis}($\forall i \in I, \forall p \in P, \forall s \in S$),约束条件式(3-3)被松弛,原始模型转化为拉格朗日松弛问题$LR(\theta)$[106],即:

$$LR(\theta) = \text{Min}(1-\lambda)f_1 + \lambda f_2 + \sum_{s \in S, p \in P, i \in I} w_s \theta_{pis} \left(\sum_j \eta_{pjis} - \tilde{d}_{pis} \right) \tag{3-23}$$

其约束条件为式(3-4)~式(3-21)。

采用拉格朗日松弛法得到的目标函数值通常不优于原模型的理想目标函数值。为了找到原问题的最优拉格朗日下界,本节采用次梯度优化法求解前面提到的拉格朗日问题的对偶问题LD,即:

$$LD = \text{Max } LR(\theta) \tag{3-24}$$

次梯度优化法的求解过程是一个循环迭代的过程,即在每个循环中先对拉格朗日松弛问题求解一次,然后在下一次迭代中将拉格朗日乘子更新为当前次梯度状态。

需要注意的是,在模型求解过程中,我们应事先建立并说明次梯度法的终止条件。算法设计中我们经常使用以下两种终止条件:①预先提供的最大迭代次数条件被触发;②给定连续迭代次数的下界值没有改变。

令$(\alpha^l, \psi^l, \eta^l, \omega^l, \mu^l, \beta^l)$为$LR(\theta_{pis}^l)$在第$l(l \geqslant 0)$次迭代中优化模型决策变量的最优解。过程表示为:

$$\rho_{pis}^l = \sum_j \eta_{pjis} - \tilde{d}_{pis} \quad \forall i \in I, \forall p \in P, \forall s \in S \tag{3-25}$$

在($l+1$)次迭代中,拉格朗日乘子被更新为:

$$\theta_{pis}^{l+1} = \theta_{pis}^l + \overline{\phi}^l \rho_{pis}^l \tag{3-26}$$

其中：

$$\bar{\phi}^l = \frac{\tau(UB - LR(\theta_{pis}^l))}{\sum_{s \in S, i \in I, p \in P}(\rho_{pis}^l)^2} \quad (3-27)$$

在式(3-27)中，UB 表示原问题最优值的预估下界,当运用 CPLEX 优化工具求解模型时，UB 被设定为与模型实际最优解差距在 2% 以内的理想最优解[106]；L 表示最大迭代次数,每次迭代的序号用 l 表示；τ 是一个数值在 0 与 2 之间的参数,如果经历给定次数的连续迭代而求最优下界没有改变,τ 代表的值将会减半；设定 ε 为一个较小的正数,以判断 τ 的变化(这里,ε 被设置为 0.001)。

综上所述,次梯度优化法的应用步骤如下。

(1) 设置初始的模型参数：$UB = UB_0$, $LB = -\infty$, $l = 0$, $L = 120$, $N = 20$, ε $= 0.001$, $\tau = 2$, $\theta_{pis}^0 = 0$。其中,$\forall s \in S, \forall p \in P, \forall i \in I$,且 $\tau >$ ε & $l < L$。

(2) 求解拉格朗日松弛问题 $LR(\theta_{pis}^l)$ 从而获得最优状态,并且求得转化目标函数的值 $Obj(LR)$。变量 $(\alpha^l, \psi^l, \eta^l, \omega^l, \mu^l, \beta^l)$ 代表 $Obj(LR)$ 对应的优化模型决策变量的值。

(3) 如果 $LB > Obj(LR)$,则令 $Obj(LR) = LB$。如果 LB 在第 N 次迭代中没有改变,则令 $\tau = \tau/2$。

(4) 令 $l + 1$,对 l 重新赋值,根据式(3-25)至(3-27)将 θ_{pis}^l 进行更新并返回步骤(1)。

(5) 算法停止的条件为：l 满足最大迭代次数 L 或者 $\tau <$ ε。

3.4 相关实验与测试

3.4.1 实验与数据准备

本数值实验的运行环境是基于 Dell P500 台式服务器(56 核 Intel® Xeon™ E5-2680 V4 处理器,2.4 GHz, 256 GB 内存)的

Windows 7 系统,编码程序采用 C♯语言和 Visual Studio 2015 编辑器。同时,求解过程调用了 CPLEX12.6.1 优化引擎。

我们设计了小规模和大规模两种闭环供应链网络数学模型。小规模数学模型包括 3 个潜在的生产/修复点、6 个潜在的配送/收集点、10 个客户点和 3 个潜在的拆解点。大规模数学模型包括 4 个潜在的生产/修复点、8 个潜在的配送/收集点、15 个客户点和 4 个潜在的拆解点。图 3.2 显示了小规模情况下闭环供应链网络主要设施的布局状况。闭环供应链网络设计中各类节点的地理坐标信息及对应问题规模见表 3.1。两点之间的欧氏距离是通过两点之间的经纬度坐标计算出来的。

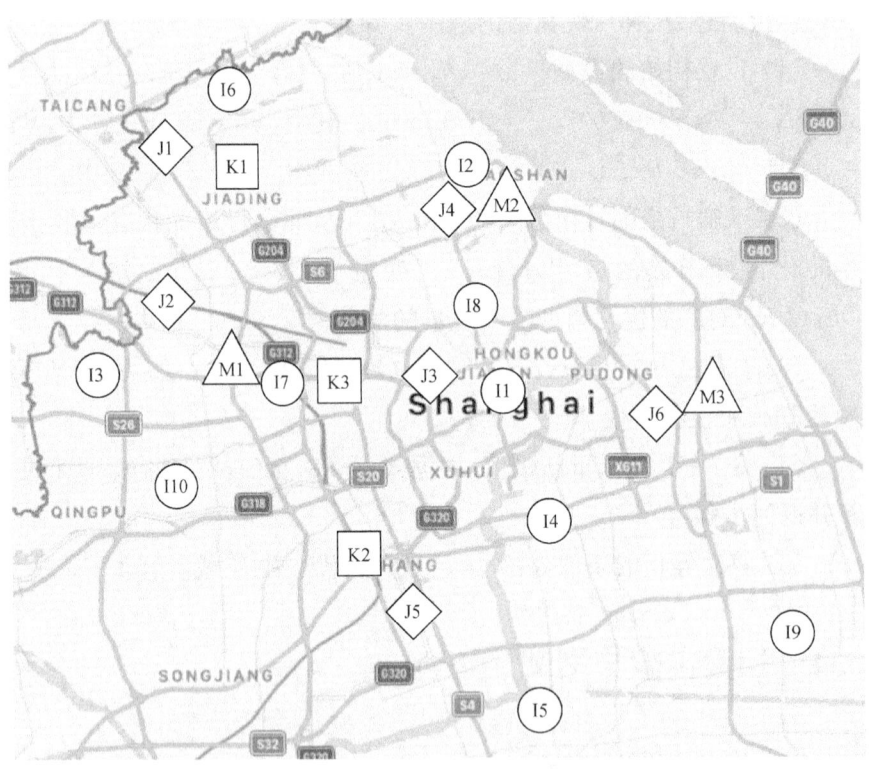

图 3.2　闭环供应链网络主要设施布局图

闭环供应链网络相同层次结构中的设施都使用相同的属性模式。

考虑到模型规模的复杂度,本章所提出的优化模型将产品分为三类,并设定不同客户点对三类产品的需求服从 $U(2\,000,4\,000)$ 概率分布。为模型求解的方便,我们将退货率和报废率设定为 0.1。设施的固定运行成本由环境水平和容量水平共同确定,如表 3.2 所示。优化模型所涉及的其他参数设置如表 3.3 所示。

表 3.1 闭环供应链网络设计中各类节点的地理坐标信息及对应问题规模

点	经度	纬度	小规模	大规模
K1	121.258 5	31.390 4	√	√
K2	121.362 6	31.125 0	√	√
K3	121.361 4	31.246 7	√	√
K4	121.470 1	31.326 7	—	√
J1	121.192 3	31.418 8	√	√
J2	121.267 2	31.367 5	√	√
J3	121.308 6	31.154 4	√	√
J4	121.200 3	31.312 3	√	√
J5	121.343 2	31.349 7	√	√
J6	121.408 9	31.261 9	√	√
J7	121.426 0	31.380 1	—	√
J8	121.413 3	31.096 6	—	√
I1	121.459 4	31.247 1	√	√
I2	121.510 6	31.273 1	√	√
I3	121.283 5	31.332 8	√	√
I4	121.426 1	31.159 5	√	√
I5	121.446 3	31.403 5	√	√
I6	121.397 7	31.211 1	√	√
I7	121.580 8	31.259 5	√	√
I8	121.283 5	31.332 8	√	√
I9	121.164 1	31.294 3	√	√
I10	121.491 7	31.144 5	√	√
I11	121.486 7	31.012 3	—	√
I12	121.309 8	31.062 2	—	√
I13	121.240 4	31.463 0	—	√

(续表)

点	经度	纬度	小规模	大规模
I14	121.331 7	31.238 9	—	√
I15	121.693 9	31.231 0	—	√
M1	121.299 2	31.253 5	√	√
M2	121.463 2	31.375 3	√	√
M3	121.641 3	31.278 4	√	√
M4	121.195 0	31.447 1	—	√

表 3.2　不同环境等级和容量等级下闭环供应链网络设施的固定运行成本

设施类型	环境等级	容量等级	固定运行成本/元
生产/修复点	1	1	1 000 000
	1	2	1 250 000
	1	3	1 500 000
	2	1	1 750 000
	2	2	2 000 000
	2	3	2 250 000
	3	1	2 500 000
	3	2	2 750 000
	3	3	3 000 000
配送/收集点	1	1	100 000
	1	2	125 000
	1	3	150 000
	2	1	175 000
	2	2	200 000
	2	3	225 000
	3	1	250 000
	3	2	275 000
	3	3	300 000
拆解点	1	1	500 000
	1	2	550 000
	1	3	600 000
	2	1	650 000
	2	2	700 000
	2	3	750 000

(续表)

设施类型	环境等级	容量等级	固定运行成本/元
拆解点	3	1	800 000
	3	2	850 000
	3	3	900 000

表 3.3　优化模型所涉及的其他参数设置

参数	设置
生产/修复点不同环境水平下的 CO_2 排放量	环境水平 c 为 1, 2, 3 的情况下，$\dot{e}_{ck}$ 设为 300, 250, 200
配送/收集点不同环境水平下的 CO_2 排放量	环境水平 c 为 1, 2, 3 的情况下，$\ddot{e}_{cj}$ 设为 150, 125, 100
拆解点不同环境水平下的 CO_2 排放量	环境水平 c 为 1, 2, 3 的情况下，$\dddot{e}_{cm}$ 设为 100, 75, 50
生产/修复点不同容量水平下的最大生产容量	容量水平 g 为 1, 2, 3 的情况下，$\dot{o}_{gk}$ 设为 1 000, 1 500, 2 000
生产/修复点不同容量水平下的最大修复容量	容量水平 g 为 1, 2, 3 的情况下，$\ddot{o}_{gk}$ 设为 100, 150, 200
配送/收集点不同容量水平下处理不同正向产品的最大容量	容量水平 g 为 1, 2, 3 的情况下，$\dot{q}_{gj}$ 设为 500, 750, 1 000
配送/收集点处理不同逆向产品的最大容量	容量水平 g 为 1, 2, 3 的情况下，$\ddot{q}_{gj}$ 设为 50, 75, 100
拆解点不同容量水平下处理报废品的最大容量	容量水平 g 为 1, 2, 3 的情况下，z_{gm} 设为 10, 15, 20
不同产品的重量	x_p 设为 0.6, 0.7, 0.8
不同产品的空间容量	y_p 设为 7, 8, 9
不同产品的储存成本	h_p 设为 4, 6, 8
单位运输成本	t 设为 0.5
运输 CO_2 排放量	$\ddot{t}$ 设为 0.3
不同产品的生产成本	$\dot{a}_{pk}$ 设为 20, 30, 40
不同产品的修复成本	$\ddot{a}_{pk}$ 设为 2, 3, 4
不同产品的配送处理成本	$\dot{b}_{pj}$ 设为 0.2, 0.3, 0.4

(续表)

参数	设置
不同退货产品的收集处理成本	$\check{b}_{pj}$ 设为 0.4, 0.6, 0.8
不同报废产品的拆解成本	v_{pm} 设为 1, 2, 3
退货率	$\dot{r}$ 设为 0.1
报废率	$\ddot{r}$ 设为 0.1

3.4.2 不同 λ 值的测试

如 3.3.1 节所述,权重系数 λ 的适当取值是将双目标优化模型转化为单目标优化模型的前提。一般来说,权重系数 λ 的值是由管理者和有经验的专家主观给出的。本节通过研究不同的 λ 值对目标函数的影响,定量确定一个合理的权重系数,以便于后续数值分析的展开。

本书所提出的模型采用了基于场景的随机建模方法。本部分的离散场景数量为 50 个,问题规模为小规模。

为选取合适的权重系数,本书通过引入"CO_2 减排效率"的概念来测量 CO_2 排放量对供应链网络整体绩效的影响。其计算方法是将"两个相邻案例之间 CO_2 排放量的下降值"与"两个相邻案例之间成本的增加值"相比。相邻是指彼此权值相差一个步长的情况。图 3.3 显示了不同权重系数下 CO_2 减排效率的变化情况。为降低单次测试的不确定性,本文将权重系数的取值离散为 0.1, 0.2, …, 0.9。由图 3.3 可知,当权重系数为 0.4 时,代表 10 种不同情况的 10 条曲线均达到峰值,即当 λ 值为 0.4 时,CO_2 减排效果最佳。因此,我们将式(3-22)中的权重系数的值设置为 0.4。

3.4.3 不同场景值的测试

与随机机会约束规划[107]相比,基于场景的随机建模方法在应对

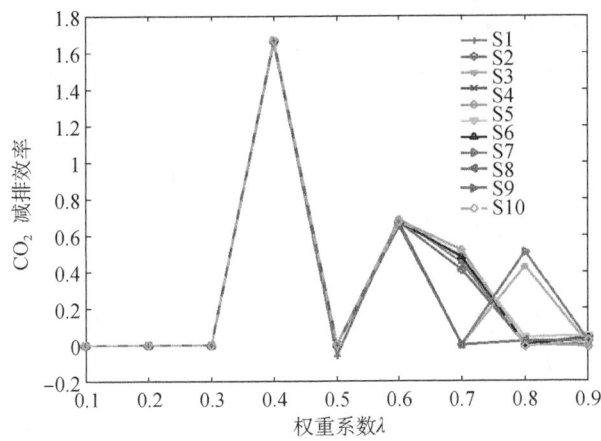

图 3.3　10 个随机场景下不同 λ 值的 CO_2 减排效率变化情况

随机规划环境方面更有效[108,109]。因此,本书采用基于场景的随机规划方法来应对不确定需求。

在测试中,每个离散的不确定性场景的概率可以用离散场景总数的倒数来表示,权重系数固定为 0.4,场景数量分别设置为 5、10、20、40、50、80 和 100。在对同一场景的测试过程中,我们生成了 10 组产品需求值不一的随机测试案例,以期刻画需求不确定的状态。相关指标及实验结果如表 3.4 所示。

表 3.4　不同场景数量的测试结果

场景数量	最大值	最小值	最大值与最小值的差值	平均值	方差	方差与平均值之比	平均求解耗时(秒)
5	7 082 318.95	6 826 086.83	256 232.12	6 911 908.87	78 064.39	1.13%	10.70
10	7 000 417.36	6 804 682.72	195 734.64	6 892 167.47	62 237.24	0.90%	48.35
20	6 938 439.17	6 858 833.71	79 605.46	6 905 297.71	28 888.29	0.42%	123.13
40	6 929 089.85	6 858 443.82	70 646.03	6 907 202.93	18 826.92	0.27%	529.23
50	6 914 383.88	6 856 183.20	58 200.68	6 888 684.34	17 802.76	0.26%	1 204.56
80	6 904 321.80	6 859 095.17	45 226.63	6 881 558.68	17 352.13	0.25%	2 914.97
100	6 898 922.60	6 860 777.32	38 145.28	6 882 821.73	12 341.31	0.18%	3 847.80

由表 3.4 的结果可知,当场景数量增加时,最大值与最小值的差值指标和方差指标均有下降。这一结果与统计学的基本规律相一致。此外,表 3.4 还显示了另一种趋势:随着场景数量的增加,方差与平均值之比呈下降趋势。在具体的管理实践中,管理者可以根据公司运营管理需要,确定这个比率的阈值(例如 0.5% 或 0.1%),以便在模型计算耗时和求解精度之间进行权衡。

从方差与平均值之比的角度来看,场景数为 20 时,对应比例小于 0.5%;场景数为 50 时,对应比例小于 0.3%;场景数为 100 时,对应比例小于 0.2%。当该比率小于 0.5% 时,目标值的波动较小。结合平均求解耗时以及方差与平均值的比例,我们将测试的场景数确定为 50。图 3.4 反映了表 3.4 的数据结果。

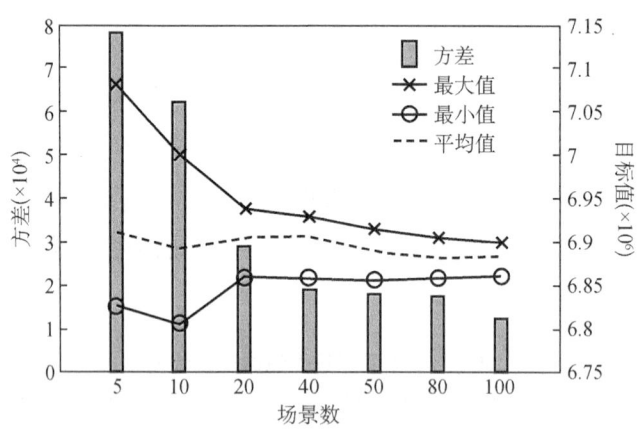

图 3.4　不同场景数的测试结果

3.4.4　迭代次数测试

拉格朗日松弛法需要确定一个算法迭代次数的适当最大值。如 3.3.2 节中所述,拉格朗日算法的终止规则如下:一旦 ε 达到一个非常小的正数值(如 $\varepsilon < 0.001$),则该算法停止。在本节测试中,λ 被设置为 0.4,场景数量被设定为 50(取自 3.4.3 节的测试结果)。在这一场景

数量下,合成后的优化目标值随着迭代次数的变化而变化,如图 3.5 所示。当迭代次数为 100 时,优化目标值趋向收敛。因此,本研究将最大迭代次数设置为 100,问题规模为小规模。

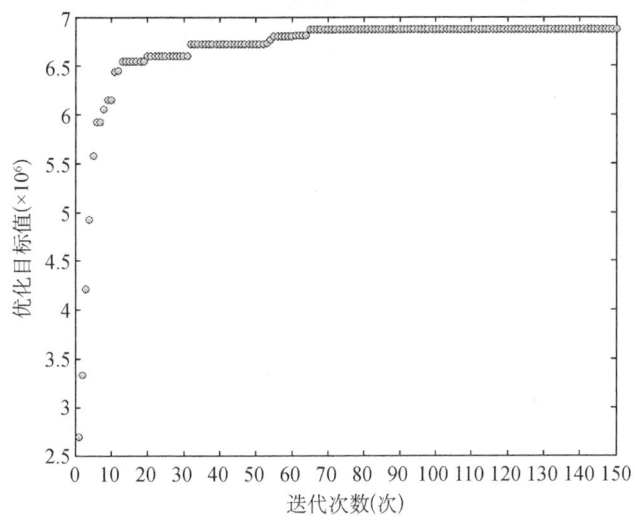

图 3.5　当 $\lambda=0.4$ 时不同迭代次数下优化目标值的变化情况

3.4.5　数值实验

根据之前的测试,权重系数、场景数量和算法迭代次数被依次确定。下面我们将进行与模型相关的数值实验,在数值实验中,优化模型问题的规模被设定为 3 个生产/修复点、6 个配送/收集点、10 个客户点和 3 个拆解点。

首先,数值实验将探讨双目标优化的帕累托最优曲线,以提供基于不同最优解的多种优化策略。在数值实验部分,场景数被设定为 50,权重系数被分别设定为 0,0.1,0.2,…,0.8,0.9,1.0。实验数据所得的帕累托最优曲线如图 3.6 所示。图 3.6 中所示的每个标记点代表特定场景数量与特定权重系数 λ 下的一个最优解。图 3.6 显示了总成本和 CO_2 排放总量在不同的 λ 值下的变化情况。总体趋势表明,

随着权重系数 λ 值的增加,总成本增加,CO_2 的排放总量减少。特别是当 λ 在区间[0,0.3]时,总成本和 CO_2 排放总量的变化最小。当 λ 在区间[0.4,0.7]时,总成本和 CO_2 排放总量显著增加或减少。当 λ 在区间[0.6,1]时,闭环供应链的运营成本或运营成本增幅保持高水平,但 CO_2 排放总量的减少较明显。所以,闭环供应链网络设计的决策者需要关注 λ 值为 0.4~0.7 的情况。

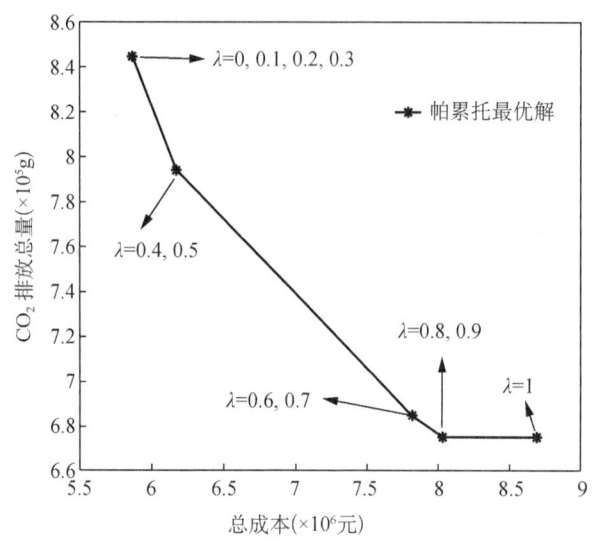

图 3.6 不同权重系数下的帕累托最优曲线

其次,运输成本、固定设施运营成本、固定设施的 CO_2 排放量等二级子目标的变化情况,也是数值实验关注的重点。图 3.7 和图 3.8 显示了总成本和 CO_2 排放量等各项子目标之间在不同权重系数下的权衡关系。这一发现证实了闭环供应链管理的一个基本观点:如果企业想要减少 CO_2 排放量,就需要增加投资。实验结果显示,不同的 λ 值对总成本和 CO_2 排放量有不同的影响,且影响的程度是不一致的。从成本目标来看,设施固定成本的变化最大,固定成本的变化是总成本变化的主要因素,如图 3.7 所示。从环境影响分析的角度来看,固定设施

的 CO_2 排放量变化最大,如图 3.8 所示。这些结果提醒决策者在开发闭环供应链网络时应重点关注固定设施的运营成本和环境保护水平。

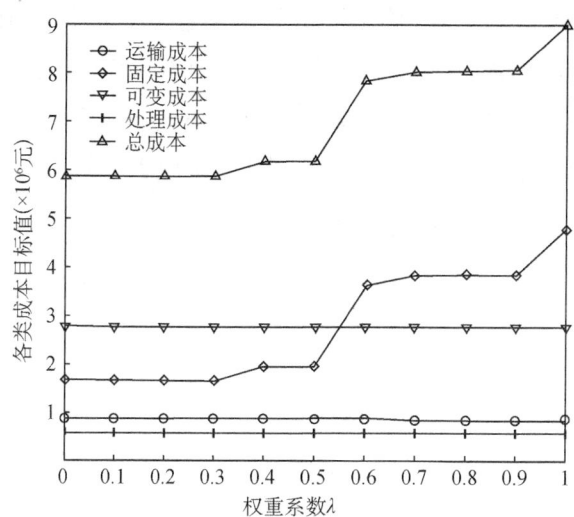

图 3.7 不同权重系数下闭环供应链网络中各部分成本的变化趋势

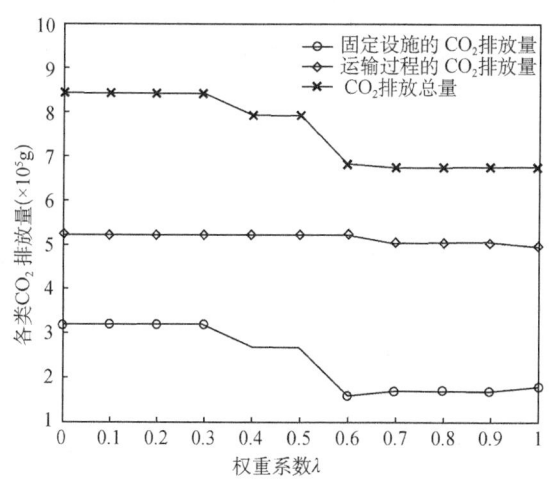

图 3.8 不同权重系数下闭环供应链网络中各部分 CO_2 排放量变化趋势

最后,在数值实验的过程中,我们需要比较 3.3.2 节所提出的拉格朗日松弛法与 CPLEX 求解器之间的差异,以显示算法的有效性。根据图 3.6 的结果,我们将 λ 值确定为 0.3,0.4,0.5 和 0.6,比较结果如表 3.5 所示。表 3.5 中各符号的含义如下:LB 表示用拉格朗日松弛法求解的目标值;OB 表示用 CPLEX 求解器求解的目标值;Gap 表示用拉格朗日法求解的目标值与用 CPLEX 求解器得出的目标值之间的差距比,$Gap=(OB-LB)/(LB)\times100\%$;$Tlag$ 表示拉格朗日松弛法的计算时间消耗;$Tcplex$ 表示 CPLEX 求解器的计算时间消耗。

表 3.5　当 $S=50$ 时不同权重系数下的计算结果比较

λ	OB	LB	Gap	$Tcplex/s$	$Tlag/s$
0.3	6 644 687	6 572 260	1.09%	1 492	358
0.4	6 882 153	6 816 084	0.96%	1 308	275
0.5	7 059 980	6 987 968	1.02%	1 389	347
0.6	7 237 808	7 184 248	0.74%	1 567	423
平均			0.95%	1 349	310

注:某些点对应于帕累托曲线上的几个相邻系数。实验结果表明,λ 值的变化并不一定影响两个目标函数的值。这一观点与图 3.6 的结果一致。

表 3.5 表明,两种方法之间的差距比在 0.74% 到 1.09% 之间,平均值是 0.95%。从计算耗时的角度来看,3.3.2 节中提出的拉格朗日松弛法对于不同权重系数的求解比 CPLEX 求解器所需的时间更少:拉格朗日松弛法平均需要 310 秒,而 CPLEX 求解器需要 1 349 秒。由此可知,本研究提出的拉格朗日松弛法为求解问题提供了一种有效的方法。

在闭环供应链网络设计研究中,产品需求和设施容量是比较重要的参数,下面分别对这两个参数进行敏感性分析。

产品需求变化对闭环供应链网络运行的影响是一个有趣的问题。基于前面采用的需求分布 $U(2\,000,4\,000)$,我们在 λ 为 0.4 情况下开展了 11 组随机需求测试。产品需求的变化趋势由逐步递增的需求比来表示:如果需求比为 0.5,对应需求的参数水平降低到基线需求水平的 0.5 倍;如果需求比为 1.5,对应需求的参数水平提高到基线需求水平的 1.5 倍。其他的需求比率可以使用相同的方法来确定。同时,本节引入了规模比来评估需求变化时闭环供应链网络中优化模型的目标值大小,即用当前求得的目标值与基线目标值之比表示规模比。实验结果如图 3.9 和图 3.10 所示。

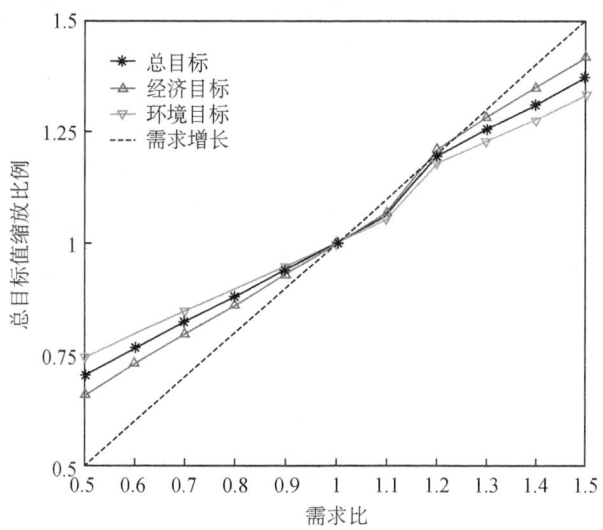

图 3.9 需求变化下主目标变化趋势

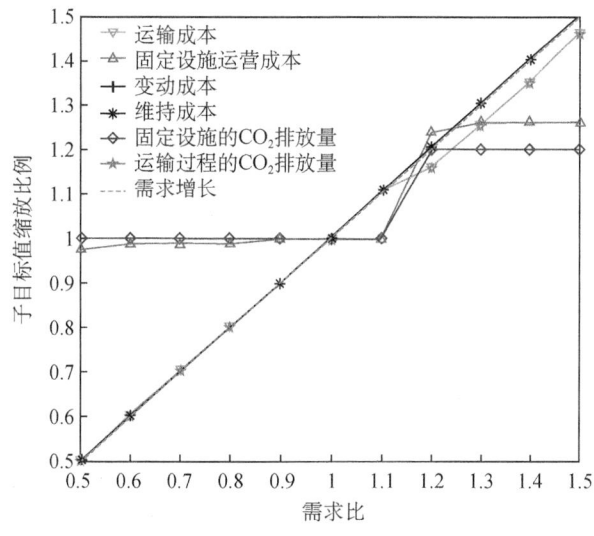

图 3.10 需求变化下子目标变化趋势

从图 3.9 可以看出:当需求水平降低时,经济目标的值(即总成本)和环境目标的值(即总 CO_2 排放量)都降低了,但经济目标的下降幅度大于环境目标的下降幅度;当需求水平上升时,这一趋势被逆转。结果表明,当需求减少时,管理者应更加关注 CO_2 排放量;当需求扩大时,管理者应控制成本。

由图 3.10 可知,随着需求的波动,与可变部分(运输成本、变动成本、维持成本和运输过程 CO_2 排放量)相关的四个子目标值也随之波动。随着需求的增加,固定设施成本和固定设施 CO_2 排放量没有稳定的连续性增加。当需求扩大到基线需求水平的 1.2 倍时,固定设施运营成本和固定设施运营 CO_2 排放量表现出显著的增长。随着需求的下降,固定设施运营成本和固定设施运营 CO_2 排放量没有发生多大的变化。结果表明,管理者应提前预测需求变化对成本和固定设施 CO_2 排放量的影响,并制定相应策略来调整设施的运营成本和固定设施 CO_2 排放量。

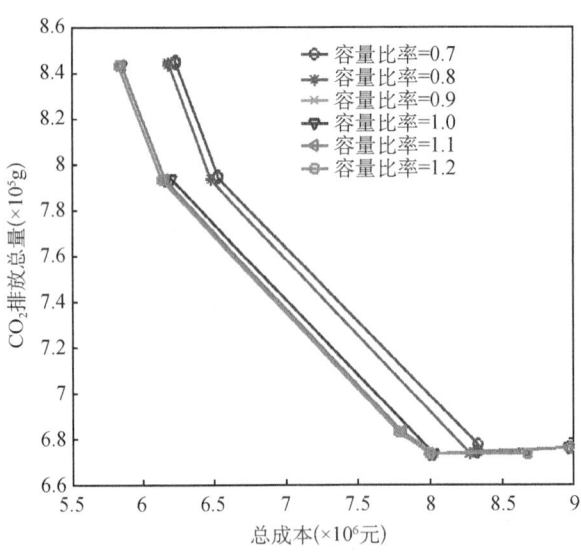

图 3.11 固定设施不同容量比的帕累托曲线

根据给定的需求水平,初始设施容量可能是闭环供应链网络的合理水平。当然,我们可以通过进一步减小容量比变化的步长来确定更加适合的固定设施容量。这一结果表明,管理者需要根据闭环供应链的运营需求确定相对合理的固定设施的容量,以确保成本和 CO_2 排放量保持在一个相对合理的水平。

为了验证拉格朗日松弛法在较大问题规模下的计算能力,本节还进行了多产品实验,结果如表 3.6 所示。其中,较大问题规模包括 4 个生产/修复点、8 个配送/收集点、15 个客户点和 4 个拆解点。两种方法之间的平均差距是 1.05%。对于不同的问题规模,采用拉格朗日松弛法比采用 CPLEX 求解器所需的时间更少。由此可见,拉格朗日松弛法可以为更复杂的闭环供应链网络提供有效的解。

表 3.6 多产品环境下的计算结果

产品数	λ	OB	LB	Gap	T_{cplex}/s	T_{lag}/s
3	0.3	4 468 856.12	3 977 281.95	0.89%	4 893.82	1 516.83
	0.4	4 656 584.50	3 818 399.29	0.96%	4 742.34	1 517.44
	0.5	4 716 097.00	5 282 028.64	1.12%	4 804.51	1 585.32
	0.6	4 938 109.13	5 036 871.32	1.05%	4 912.76	1 620.96
4	0.3	5 510 303.48	5 896 024.72	1.08%	6 839.61	2 667.21
	0.4	5 713 600.61	5 485 056.59	1.21%	6 929.29	2 840.89
	0.5	N.A.	5 851 236.97	—	>7 200	3 240.13
	0.6	N.A.	6 007 432.03	—	>7 200	3 287.53
平均				1.05%		

注:"N.A."表示使用 CPLEX 求解器在两小时内无法得到一个可行解。

3.4.6 管理启示

基于数值实验的系列分析结果,我们可以得出不确定环境下闭环供应链优化设计的若干管理启示。

(1) 对于同时兼顾经济目标和环境目标的多目标闭环供应链网络

设计,管理者需要确定两个目标的合理权重。我们通过对 CO_2 减排效率的测算,确定了权重系数 λ 的适当取值,为同时优化成本和环境水平提供了一种可行的方法。当然, λ 值的确定还需要结合不同行业的实践。在我们的研究中,合适的 λ 的值为 0.4。

(2) 权重系数的变化并不总是影响两个目标函数的值,管理者不应该主观地为不同的管理目标分配权重值。研究结果表明,管理者应避免主观给定权重值,而是应该运用科学定量方法寻求合理的权重值。

(3) 权重值的变化对经济目标中不同子目标的影响更为显著。设施固定运营成本的变化是经济目标变化的主要因素。当权重值小于 0.6 时,可变成本比固定设施运营成本更重要;反之,当权重值大于 0.6 时,固定设施运营成本更为重要。当管理者更关注环境目标时,应对固定设施运营成本进行控制。当管理者更关注经济目标时,应对闭环供应链网络的可变成本进行控制。

(4) 运输过程中的 CO_2 排放量总大于固定设施的 CO_2 排放量。在控制 CO_2 排放量方面,物流运输方式的适当选择所带来的环境效益改善可能比固定设施环境水平决策有更大的影响。因此,单位 CO_2 排放量少的运输方式应在闭环供应链网络运营中被优先考虑。

(5) 产品需求波动对经济目标和环境目标的影响是不一样的。针对产品需求变化的情况,管理者应在需求减少时更加关注 CO_2 排放量,同时应在需求扩大时努力控制运营成本。

(6) 根据闭环供应链网络的历史运营经验,设定合理的固定设施容量是必要的。如果固定设施容量水平大大低于理想水平,总成本和 CO_2 排放总量可能都会增加。在设计闭环供应链网络时,管理人员需要评估多个容量选项,并选择最佳选项以降低闭环供应链网络的运营成本和 CO_2 排放量。

3.5 本章小结

本章针对不确定环境下的闭环供应链网络优化设计问题,提出了多层级、多产品、双目标的优化模型。以成本为代表的经济目标和以 CO_2 排放量为代表的环境目标被列为优化模型的两个目标函数。

本章运用权重法对双目标进行转化合成,并设计了相关实验,通过拉格朗日松弛法对所提混合整数规划模型进行了求解。相关的数值实验结果验证了所提模型和方法的有效性。

4 "IE^3 绿色屋"战术层面研究：产业共生网络优化设计问题

4.1 问题背景

本章以产业共生网络为例，从"IE^3 绿色屋"的战术层面进行研究，主要解决企业之间如何通过产业共生网络的优化设计控制成本、降低副产品存量和提升社会福利等运营管理问题。

在传统的运营管理模式下，企业直接从外部市场购买包括水、能源、原材料等在内的生产资源，以此满足生产制造的需要。生产过程中的工业废水、余热、废弃物料等副产品直接排向周边自然环境，产生大量环境污染。产业共生网络可以帮助企业通过对自身或其他企业的副产品进行再处理与交换利用，实现从"资源—产品—废物"的单向运营管理向"资源—产品—废物—再生资源—再生产品"的循环运营管理转变，提高资源综合利用率，提升企业绿色可持续运营管理水平。

在本书所提的产业共生网络优化模型中，两种类型的公司（卖方工厂和买方工厂）有意愿通过副产品再处理与交换整合现有供应链的部分环节，构建产业共生网络运营体系。基于副产品再处理与交换的产业共生网络结构如图 4.1 所示。买方工厂（用 j 表示）从外部市场购买原材料以满足生产的需求，卖方工厂（用 i 表示）在生产过程中产生了不同类型的副产品。对于买方工厂所需的部分原材料，卖方工厂可以通过对剩余副产品进行再处理与交换的方式来提供。

需要特别指出的是,在所提模型中,副产品的再处理活动可以在卖方或买方的任意一方执行。这一决策选项有助于探究产业共生网络更多层面的运行效果。换句话说,通过所提模型的决策优化,买卖双方可以决定副产品的再处理地点。如图 4.1 所示,如果再处理活动发生在买方,则卖方将副产品输出到买方;如果副产品的再加工活动发生在卖方,则卖方将副产品再处理成原材料输出到买方。最后,未被处理的副产品或经过再处理所剩余的副产品将全部运输到填埋场进行集中填埋处理。

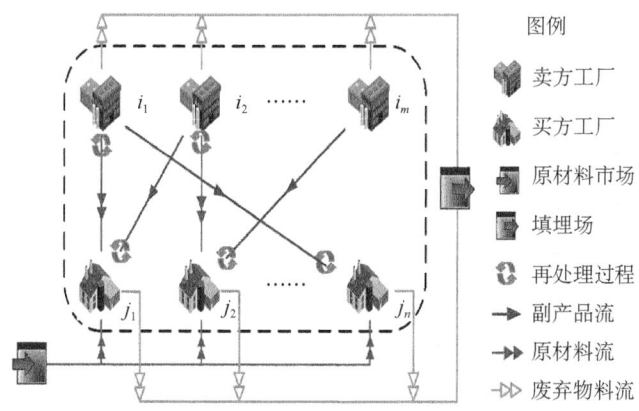

图 4.1　基于副产品再处理与交换的产业共生网络结构

在副产品再处理过程中,不同行业采用不同类型的再处理技术。例如,啤酒行业的生物技术[110]、钢铁生产中的副气体处理技术[111]和食物垃圾的再处理技术[112]。本章将副产品再处理成原材料的过程抽象为不同水平等级转化技术的副产品再处理过程。一般来讲,固定设施的技术水平等级与投资强度或管理成本有关。为方便优化建模,我们将模型中的技术水平设置为"高""中""低"三种。这种设置被广泛用于定量决策优化问题,以简化模型结构,如区域水平控制[113]和收入/成本水平。[114]我们所提出的"高""中""低"三种技术水平对应三种不同的再处理能力,这三种再处理能力可以根据企业活动的历史数据来确定。[106]根据公司管理的运营数据和行业实践,公司可以确定运用不同技术水平等级将副产品转化为原材料的效率。我们从生物质生产[115]和水再利用[116]等研究中可以发现,公司的再处理技术水平越高,再处理的成本也越高。从本质上讲,一旦企业选择了更高的技术水平,如更高技术的再加工设备,运营成本会相应增加,但再处理活动所需的劳动力数量会下降。

混合整数规划方法被广泛应用于可持续供应链管理的优化建模中,也为产业共生网络的优化建模提供了良好的参考。本章应用混合整数规划方法建立了优化模型。同时,为了便于构建一个适合于产业共生网络的副产品再处理与交换优化模型,我们要识别并执行产业共生网络的定量决策范围。长期决策问题,如设施配置和场地布局等,会对传统供应链的性能有显著的改善。但从产业共生网络的角度分析,参与协同的组织或单位的设施多数已被固定。相对而言,副产品再处理、物料交换等短期决策问题是产业共生网络运营的核心业务,是与产业共生网络设计问题相关的主要决策问题。

综合上述问题背景的描述,本书提出了以可持续发展理论的"三大支柱"(经济、环境和社会)为优化目标的混合整数规划模型。模型的决策因素包括:①买方工厂从卖方工厂购买的副产品数量;②买方工厂从卖方工厂购买的原材料数量;③副产品的再处理活动在卖方工厂进行还是在买方工厂进行;④买方工厂从外部市场购买的原材料数量。另外,我们在优化模型过程中还需要考虑副产物的再处理技术等级和再处理过程中关键参数的鲁棒性。

基于这些动机,本书确定如下研究目标:①设计通用的基于副产品再处理与交换的产业共生网络,比较"无交换"和"产业共生"两种运营管理模式的差异;②分析副产品再处理单一技术方案和多等级技术方案决策对产业共生网络性能的影响;③通过稳健分析确定产业共生网络运行的关键参数。

有关模型的前提假设如下:①买方、卖方、外部原材料市场和垃圾填埋场的地理位置事先固定;②拟提出的副产品再处理与交换模型只考虑与副产品再处理和物料交换有关的采购、生产和运输活动;③无论从外部市场购买,还是从副产品转化而来,某一种原料的总数量都应完全满足买方生产的需求。

4.2 模型构建

4.2.1 符号

1) 下标和集合

(1) r 代表原材料。

(2) R 代表原材料集合。

(3) b 代表副产品。

(4) B 代表副产品集合。

(5) k 代表再处理技术等级。

(6) K 代表再处理技术等级集合。

(7) i 代表卖方工厂。

(8) I 代表卖方工厂集合。

(9) j 代表买方工厂。

(10) J 代表买方工厂集合。

2) 参数

(1) m_{bit} 代表卖方工厂 i 在决策周期 t 内产生的副产品 b 的量。

(2) n_{rjt} 代表买方工厂 j 在决策周期 t 内生产所需的原材料 r 的量。

(3) u^{-}_{irbk} 代表卖方工厂 i 运用 k 水平技术等级将副产品 b 转化为原材料 r 的转化率。

(4) u^{+}_{jrbk} 代表买方工厂 j 运用 k 水平技术等级将副产品 b 转化为原材料 r 的转化率。

(5) g^-_{irbk} 代表卖方工厂 i 运用 k 水平技术等级将副产品 b 转化为原材料 r 的单位处理成本。

(6) g^+_{jrbk} 代表买方工厂 j 运用 k 水平技术等级将副产品 b 转化为原材料 r 的单位处理成本。

(7) c^-_i 代表卖方工厂 i 处理副产品的产能。

(8) c^+_j 代表买方工厂 j 处理副产品的产能。

(9) o^-_{irbk} 代表卖方工厂 i 运用 k 水平技术等级将副产品 b 转化为原材料 r 的单位用工人数。

(10) o^+_{jrbk} 代表买方工厂 j 运用 k 水平技术等级将副产品 b 转化为原材料 r 的单位用工人数。

(11) $\dot{o}_{rj}$ 代表买方工厂 j 从外部市场购入原材料 r 的单位用工人数。

(12) d^{in}_{ij} 代表从卖方工厂 i 到买方工厂 j 的运输距离。

(13) d^{out}_{rj} 代表从外部市场到买方工厂 j 的运输距离。

(14) d^-_i 代表从卖方工厂 i 到废料填埋场的运输距离。

(15) d^+_j 代表从买方工厂 j 到废料填埋场的运输距离。

(16) e 代表单位物料(原材料、副产品等)的单位运输成本。

(17) x_{rt} 代表原材料 r 在决策周期 t 的单位售价。

(18) y_{it} 代表卖方工厂 i 在决策周期 t 内将副产品转为原材料的采购成本因子。

(19) z_{ibt} 代表副产品 b 在卖方工厂 i 在决策周期 t 内的采购成本。

(20) A 代表较大的正数。

3) 决策变量

(1) α_{ijt} 代表布尔型变量,当副产品再处理与交换在决策周期 t 内在卖方工厂 i 与买方工厂 j 之间发生时,该变量等于 1,否则为 0。

(2) β_{ijbrkt} 代表在决策周期 t 内,卖方工厂 i 将副产品 b 转化为原材料 r 运输至买方工厂 j 的量。

(3) γ_{rjt} 代表在决策周期 t 内,买方工厂 j 从外部市场购买原材料 r 的量。

(4) φ_{ijbrkt} 代表在决策周期 t 内,买方工厂 j 从卖方工厂 i 购入的副产品 b 用于转化原材料 r 的量。

4.2.2 目标函数

1) 经济子目标函数

本模型的经济目标是使产业共生网络的运营成本最小。在经济子目标中,涉及与副产品再处理与交换相关的材料采购、材料运输和副产品再处理等活动。从局部来看,产业共生网络可能会促使一些公司产生额外的运营成本,但就产业共生网络的整体视角而言,构建买方和卖方协同参与的产业共生网络优化模型可促进运营成本的整体降低。[117] 所提优化模型的经济子目标函数主要包括以下三部分。

(1) 买方工厂对来自外部的原材料、来自卖方工厂的副产品和来自卖方工厂经副产品再处理后转化的原材料的采购成本,即:

$$PC = \sum_{r \in R, j \in J, t \in T} x_{rt} \gamma_{rjt} + \sum_{i \in I, j \in J, b \in B, r \in R, k \in K, t \in T} (y_{it} g^-_{irbk} u^-_{irbk} \beta_{ijbrkt} + z_{ibt} \varphi_{ijbrkt})$$

(2) 外部和内部的物料运输成本,即:

$$TC = e \Big\{ \sum_{r \in R, j \in J, t \in T} d^{out}_{rj} \gamma_{rjt} + \sum_{i \in I, j \in J, b \in B, r \in R, k \in K, t \in T} d^{in}_{ij} u^-_{irbk} \beta_{ijbrkt}$$

$$+ \sum_{i \in I, j \in J, b \in B, r \in R, k \in K, t \in T} d^{in}_{ij} \varphi_{ijbrkt} + \sum_{i \in I, j \in J, b \in B, r \in R, k \in K, t \in T} d^-_i (1 - u^-_{irbk}) \beta_{ijbrkt}$$

$$+ \sum_{i \in I, j \in J, b \in B, r \in R, k \in K, t \in T} d^+_j (1 - u^+_{jrbk}) \varphi_{ijbrkt}$$

$$+ \Big[\sum_{i \in I, j \in J, b \in B, r \in R, k \in K, t \in T} d^-_i m_{bit} - \sum_{i \in I, j \in J, b \in B, r \in R, k \in K, t \in T} d^-_i (\beta_{ijbrkt} + \varphi_{ijbrkt}) \Big] \Big\}$$

(3) 副产品的再处理成本,即:

$$RC = \sum_{i \in I, j \in J, b \in B, r \in R, k \in K, t \in T} (g^-_{irbk} \beta_{ijbrkt} + g^+_{jrbk} \varphi_{ijbrkt})$$

2) 环境子目标函数

产业共生理论倡议的一个重要诉求是降低环境污染,而以副产品为代表的废料污染是工业污染的主要来源之一。[117]基于此考虑,本书提出了以减少产业共生网络中副产品总量为目标的环境子目标函数。副产品的生成主要分两个阶段:首先,在产业共生网络中,不同的公司在生产阶段会产生副产品;其次,副产品可能在再处理的过程中再次产生。因此,经过再处理的副产品数量应在剩余副产物总数量的计算中被排除。

产业共生网络的环境子目标函数可表示为:

$$BE = \sum_{b \in B, i \in I, t \in T} m_{bit} + \sum_{i \in I, j \in J, b \in B, r \in R, k \in K, t \in T} \left[(1 - u^-_{irbk}) \beta_{ijbrkt} \right.$$
$$\left. + (1 - u^+_{jrbk}) \varphi_{ijbrkt} - (\beta_{ijbrkt} + \varphi_{ijbrkt}) \right]$$

3) 社会子目标函数

社会福祉的提升是产业共生网络发展的另一个重要视角。生产活动所创造的就业机会通常是衡量社会福祉的有效方法。[118]基于这一考虑,本书将外部市场采购原材料活动和内部产业共生网络进行副产品再处理活动所产生的就业机会视为社会目标。

产业共生网络的社会子目标函数可表示为:

$$JS = \sum_{r \in R, j \in J, t \in T} \dot{o}_{rj} \gamma_{rjt} + \sum_{i \in I, j \in J, b \in B, r \in R, k \in K, t \in T} (o^-_{irbk} \beta_{ijbrkt} + o^+_{jrbk} \varphi_{ijbrkt})$$

显然,产业共生网络创造的就业机会越多,其产生的社会福利价值就越大。由于副产品再加工活动增加了产业共生网络内部的原材料供应,相应的副产品再加工可能导致外部市场的就业机会减少。综合考虑,社会目标应该最大化。根据对偶原理[119],某一目标函数的最大化等价于原目标函数负值的最小化。为了保证所有的目标函数同时最小化或最大化,我们在后续的优化过程中取社会目标函数负数的最小值,而在具体的数据讨论中则继续对社会目标函数的正数取值加以分析。

4.2.3 数学模型

根据前面的描述，产业共生网络数学优化模型 MIE-2 的具体结构如下：

$$\text{Min } F_1 = PC + TC + RC \quad (4\text{-}1)$$

$$\text{Min } F_2 = BE \quad (4\text{-}2)$$

$$\text{Min } F_3 = JS \quad (4\text{-}3)$$

约束条件如下：

$$\gamma_{rjt} + \sum_{b \in B, i \in I, k \in K} (u^-_{irbk} \beta_{ijbrkt} + u^+_{jrbk} \varphi_{ijbrkt}) = n_{rjt}, \quad \forall r \in R, j \in J, t \in T \quad (4\text{-}4)$$

$$\sum_{j \in J, r \in R, k \in K} (\beta_{ijbrkt} + \varphi_{ijbrkt}) \leqslant m_{bit} \quad \forall b \in B, i \in I, t \in T \quad (4\text{-}5)$$

$$\sum_{j \in J, k \in K} \varphi_{ijbrkt} \leqslant c^-_i \quad \forall b \in B, i \in I, t \in T, r \in R \quad (4\text{-}6)$$

$$\sum_{i \in I, k \in K} \beta_{ijbrkt} \leqslant c^+_j \quad \forall b \in B, j \in J, t \in T, r \in R \quad (4\text{-}7)$$

$$\sum_{r \in R, b \in B, k \in K} \beta_{ijbrkt} \leqslant A\alpha_{ijt} \quad \forall i \in I, j \in J, t \in T \quad (4\text{-}8)$$

$$\sum_{r \in R, b \in B, k \in K} \varphi_{ijbrkt} \leqslant A\alpha_{ijt} \quad \forall i \in I, j \in J, t \in T \quad (4\text{-}9)$$

$$\alpha_{ijt} \leqslant A \sum_{r \in R, b \in B, k \in K} (\varphi_{ijbrkt} + \beta_{ijbrkt}) \quad \forall i \in I, j \in J, t \in T \quad (4\text{-}10)$$

$$\sum_{j \in J, t \in T} \beta_{ijbrkt} \leqslant A u^-_{irbk} \quad \forall i \in I, b \in B, r \in R, t \in T \quad (4\text{-}11)$$

$$\sum_{j \in J, t \in T} \varphi_{ijbrkt} \leqslant A u^-_{irbk} \quad \forall i \in I, b \in B, r \in R, t \in T \quad (4\text{-}12)$$

$$\alpha_{ijt} \in \{0, 1\} \quad \forall i \in I, j \in J, t \in T \quad (4\text{-}13)$$

$$\beta_{ijbrkt} \geqslant 0 \quad \forall i \in I, j \in J, b \in B, r \in R, k \in K, t \in T \quad (4\text{-}14)$$

$$\gamma_{rjt} \geqslant 0 \quad \forall j \in J, r \in R, t \in T \quad (4\text{-}15)$$

$$\varphi_{ijbrkt} \geqslant 0 \quad \forall i \in I, j \in J, b \in B, r \in R, k \in K, t \in T \quad (4\text{-}16)$$

在上述优化模型中,约束条件(4-4)和约束条件(4-5)可以确保每个卖方工厂或买方工厂的物料流平衡;每个卖方工厂或买方工厂的副产品再处理产能上限由约束条件(4-6)和约束条件(4-7)表示;约束条件(4-8)至约束条件(4-10)可以确保在买卖双方没有建立合作关系的情况下,卖方工厂不会向买方工厂提供副产品或副产品转化后的原材料;约束条件(4-11)和约束条件(4-12)可以确保如果副产品 b 不能转化为原料 r,则物料交换量为零;约束条件(4-13)至约束条件(4-16)定义了决策变量。

4.3 Epsilon 约束方法

本书所提出的模型旨在使可持续发展三目标最小化,而三目标最小化是一个具有挑战性的问题。此类多目标优化问题需要一个能够平衡多个目标之间的解决方案,以便构造合适的帕累托边界。从优化理论角度分析,如果多目标优化模型的各目标之间没有线性关联,则整个模型不存在唯一的全局最优解。[120]由于建模过程的友好性和三目标处理的方便性,本书采用 Epsilon 约束方法进行问题求解,该方法也已在较多的多目标优化问题中被采纳。[121]

一般而言,超过两个目标函数的多目标优化模型具有若干个子目标,如 $F_1(\bar{x})$,$F_2(\bar{x})$,$F_3(\bar{x})$,$\cdots$,$F_q(\bar{x})$。以最小化问题为例,Epsilon 约束方法的思想是将一个目标作为主要目标函数,如 $F_1(\bar{x})$ 同时将其他目标函数处理为约束条件,则优化模型转化为:

$$\text{Min } F_1(\bar{x}) \tag{4-17}$$

约束条件如下:

$$F_2(\bar{x}) \leqslant e_2, F_3(\bar{x}) \leqslant e_3 \cdots F_q \leqslant e_q \tag{4-18}$$

其中,q 代表原优化模型中目标函数的个数,$\bar{x}$ 代表决策变量。考虑到目标函数转为约束的情况,我们有必要确定约束的限制值,$(e_2, e_3, \cdots, e_q)$ 对应于剩下的 $(q-1)$ 个约束限制。

在这里,目标约束的优先级被引入到 Epsilon 约束方法中,此时优化模型的约束条件为:

$$F_2(\bar{x}) \leqslant \lambda_2 e_2^{\min}, F_3(\bar{x}) \leqslant \lambda_3 e_3^{\min} \cdots F_q(\bar{x}) \leqslant \lambda_q e_q^{\min} \tag{4-19}$$

其中,$\lambda_2, \lambda_3, \cdots, \lambda_q$ 代表经目标函数转化的约束对应的优先级系数,$e_2^{\min}, e_3^{\min}, \cdots, e_q^{\min}$ 代表经目标函数转化的约束对应的最小值。

这里,$e^{\min}$ 的具体值可通过如下方式确定:①保持原模型的基本约束条件不变;②将计划转化为约束的目标函数列为单目标;③对该确定型最小化问题进行求解,并记录对应的 $e^{\min}$ 值。

在 Epsilon 约束方法中,优先级系数 λ 越大,对应的新约束的约束力越小,表明对应目标的优先级越小。因为 $e^{\min}$ 的值已经是相应新约束的最小值,所有 λ 必须不小于 1。随后,根据 $\lambda_2, \lambda_3, \cdots, \lambda_q$ 不同的交叉组合,多目标的若干解被求得。最终,模型的帕累托边界根据帕累托优势原则从集合中被过滤出来。[122]

在我们所提出的模型 MIE-2 中,经济目标涉及大量的决策变量和参数。当经济目标被视为副产品再处理与交换模型的主要目标函数时,优化模型为式(4-1),即:

$$\text{Min } F_1 = PC + TC + RC$$

此时的约束条件为式(4-4)~式(4-16),以及如下两个条件。

$$F_2(\bar{x}) \leqslant \lambda_2 e_2^{\min} \quad (4\text{-}20)$$

$$-F_3(\bar{x}) \leqslant \lambda_3 e_3^{\min} \quad (4\text{-}21)$$

结合 Epsilon 约束方法,本研究的具体求解步骤如下。

步骤1:优化单目标模型。首先,求解只含式(4-1)而不含式(4-20)和式(4-21)的单目标模型。其次,依次求解具有单一目标 F_2 和 F_3 的优化模型,并计算剩余目标函数的值。最后,计算出经济、环境和社会的三组目标值:$\{F_1^C, F_2^C, F_3^C\}$,$\{F_1^E, F_2^E, F_3^E\}$,$\{F_1^S, F_2^S, F_3^S\}$。$e_1^{\min}=F_1^C$、$e_2^{\min}=F_2^E$、$e_3^{\min}=F_3^S$ 分别对应三个目标函数单目标最小化模型的目标最优值。每个目标函数的适当上界可以分别设置为 $\max\{F_1^E, F_1^S\}$,$\max\{F_2^C, F_2^S\}$ 和 $\max\{F_3^C, F_3^E\}$。

步骤2:确定优先级系数 λ 的集合。三组目标函数分别对应三个取值:$\{F_1^C, F_2^C, F_3^C\}$,$\{F_1^E, F_2^E, F_3^E\}$,$\{F_1^S, F_2^S, F_3^S\}$。在本研究中,经济目标函数 F_1 被确定为转换后的唯一优化目标,故我们只需要确定 F_2 和 F_3 的优先级系数。显然,$e_2^{\min}=F_2^E$,$e_3^{\min}=F_3^S$。对环境目标而言,优先级系数的取值范围为 $[F_2^E, \max\{F_2^C, F_2^S\}]$;对社会目标而言,优先级系数的取值范围为 $[F_3^S, \max\{F_3^C, F_3^E\}]$。这里,我们需要对 F_2 和 F_3 的优先级系数选取适当的步长,从而通过两个目标函数不同系数的组合得出构成帕累托曲线的不同解。步长是根据等距离散化的原则与方法而确定的[123]。F_2 和 F_3 的离散化步长 S_2、S_3 可以表示为:

$$S_2 = \frac{\left(\dfrac{\max\{F_2^C, F_2^S\}}{F_2^E} - 1\right)}{N} \quad (4\text{-}22)$$

$$S_3 = \frac{\left(\dfrac{F_3^S}{\min\{F_3^C, F_3^E\}} - 1\right)}{N} \quad (4\text{-}23)$$

其中，N 表示期望的离散点个数。如 4.2.2 节所述，社会目标函数值需要取负。因此，式(4-22)和式(4-23)的形式不同。

对环境目标而言，目标优先级系数的集合为：$\lambda_2 = \{1+S_2, 1+2S_2, \cdots, 1+NS_2\}$。对社会目标而言，目标优先级系数的集合为：$\lambda_3 = \{1+S_3, 1+2S_3, \cdots, 1+NS_3\}$。例如，环境目标的三个值分别为 $\{2\,320, 4\,590, 9\,220\}$，期望的离散点数为 20，则合适的步长为：$(\max\{9\,220, 4\,590\}/2\,320-1)/20 \approx 0.15$。因此，$\lambda_2 = \{1.15, 1.3, 1.45, \cdots, 3.7, 3.85, 4.0\}$。$\lambda_3$ 的处理类似。

步骤 3：将本节所提出的 Epsilon 约束方法转化为单目标模型。求解过程为：①确定 e_2^min 和 e_3^min 的取值；②初始化 F_result←∅ al (F_1)←∅，Val(F_2)←∅，Val(F_3)←∅ 三个关键变量；③初始化函数 EpsilonFun(λ_2, e_2^min, λ_3, e_3^min)；④第一层外部循环设置，λ_2 从 1+S_2 循环至 1+NS_2；⑤第二层内部循环设置，λ_3 从 1+S_3 循环至 1+NS_3；⑥求解以 F_1 为单目标的优化模型 Min F_1；⑦设置约束条件为 F_2 (x⁻)≤λ_2 e_2^min，F_3 (x⁻)≤λ_3 /e_3^min，以及公式(4-4)~(4-16)；⑧经双层循环迭代试验后，将最优值赋值给结果变量 F_result←[λ_2, λ_3, Val(F_1), Val(F_2), Val(F_3)]。

步骤 4：筛选的帕累托边界解集。根据帕累托优势原则[124]，下面从步骤 3 得到的解集中筛选帕累托边界。帕累托边界解集的筛选规则是：让 X_1 和 X_2 代表来自步骤 3 的两个解。如果 X_1 的三个目标函数值并不比 X_2 差，且至少有一个函数值比 X_2 好，则 X_1 优于 X_2。也就是说，X_1 是优化模型的非优势解之一。帕累托最优解可以被表示为 X^*，而 X^* 支配模型的其他解。帕累托解集由所有的 X^* 构成。最终，非支配解在帕累托最优解集中的所有目标函数值构成帕累托边界。

4.4 实验求解与分析

4.4.1 实验与数据准备

本数值实验的运行环境是基于 Lenovo K42‑80 笔记本(4 核 Intel® Core™ i7 处理器,2.5 GHz,8 GB 内存)的 Windows 10 系统,编码程序采用 C♯语言和 Visual Studio 2015 编辑器。同时,求解过程调用了 CPLEX12.9.1 优化引擎。另外,所求结果中帕累托前沿的过滤采用了 MATLAB Central 中的代码。

在本节中,一系列的数值实验被用于分析所提出的副产品再处理与交换模型的性能。本节主要实现三个目标:①利用 Epsilon 约束法对所提出的优化模型进行处理,得到相应的帕累托曲面;②分析副产物再处理技术等级选择对模型性能的影响变化;③根据关键参数的变化分析决策的鲁棒性。

在进行实验之前,我们测试了没有物料交换情况下卖家工厂和买家工厂的经济、环境和社会三个目标的初始值,并以此为基准点与后续实验数据进行比较。所得初始目标值集合为 $\{F_1=28\,365.30;F_2=684;F_3=2\,327\}$。在模型计算中,$F_3$ 的值为负数。为了便于比较分析,在本节的数值实验中,我们先将其值转化为正数,然后将该数值同其他两个数值进行比较分析。

在本研究中,我们以位于瑞典北雪平(Norrkoping)的汉德龙(Handelo)产业共生网络为例[125],构建了一个通用的副产品再处理与交换优化模型。在 Handelo 的产业共生网络中,有造纸公司、锯木厂等产业关联性较强的企业。企业在基于副产品(如树皮、纤维污泥等)再处理与交换的协同运营中,其生产所需的原材料被通过副产品再处理得的物料所取代。以文献[125]为基础,我们将问题控制在三个卖方工厂、三个买方工厂、一个外部原材料市场、一个垃圾填埋场、三种副产品、三种原材料和三种再加工技术水平这一规模。模型中主要企业节点的空间分布如图 4.2 所示。企业节点之间的距离信息如表 4.1 所示。不同技术等级水平下副产品到原材料的再加工过程参数如表 4.2 所示。另外,经济成本、环境影响和社会效益单一优化结果如表 4.3 所示。为了保证数据实验的一致性,表 4.2 和表 4.3 中的非百分比数据在估计后统一保留到小数点后一位。

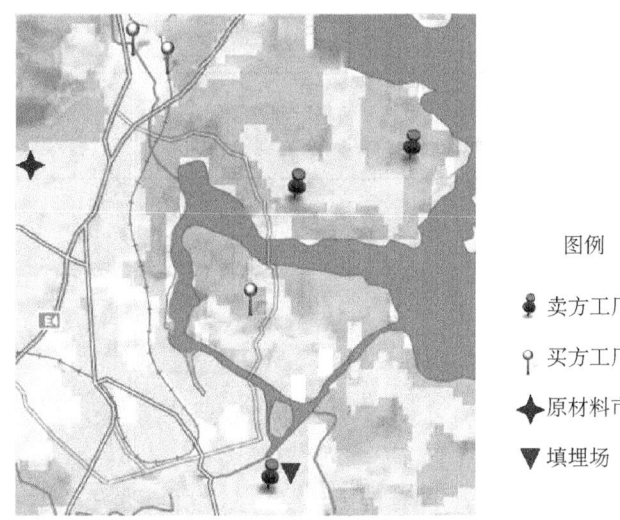

图 4.2 模型中主要企业节点的空间分布

表 4.1 所提模型各节点的距离信息

卖方 I	买方 J	外部市场 R	卖方到买方距离 d_{ij}^{in}（千米）	外部市场到买方距离 d_{rj}^{out}（千米）	卖方到填埋场距离 d_i^-（千米）	买方到填埋场距离 d_j^+（千米）
i_1	j_1	r_1	8.0	3.9	11.6	11.8
i_1	j_2	r_1	8.1	3.2	12.7	12.0
i_1	j_3	r_1	6.9	9.4	1.0	5.6
i_2	j_1	r_1	9.1	3.9	—	—
i_2	j_2	r_1	9.2	3.2	—	—

(续表)

卖方 I	买方 J	外部市场 R	卖方到买方距离 d_{ij}^{in}(千米)	外部市场到买方距离 d_{rj}^{out}(千米)	卖方到填埋场距离 d_i^-(千米)	买方到填埋场距离 d_j^+(千米)
i_2	j_3	r_1	8.0	9.4	—	—
i_3	j_1	r_1	10.6	3.9	—	—
i_3	j_2	r_1	10.9	3.2	—	—
i_3	j_3	r_1	5.8	9.4	—	—

表 4.2 不同技术等级水平下副产物到原料的再加工过程参数

副产品 B	原材料 R	技术等级 K	再处理率	再处理成本（美元/吨①）	就业数（人）
b_1	r_1	k_1	41%	4.2	2.0
b_1	r_1	k_2	45%	5.1	1.5
b_1	r_1	k_3	48%	6.3	1.0
b_1	r_2	k_1	0*	0	0
b_1	r_2	k_2	0	0	0
b_1	r_2	k_3	0	0	0
b_1	r_3	k_1	0	0	0
b_1	r_3	k_2	0	0	0
b_1	r_3	k_3	0	0	0
b_2	r_1	k_1	50%	3.9	2.0
b_2	r_1	k_2	56%	5.0	1.5
b_2	r_1	k_3	58%	6.1	1.0
b_2	r_2	k_1	42%	6.2	3.0
b_2	r_2	k_2	46%	7.3	2.5

① 1 吨=1 000 千克。

(续表)

副产品 B	原材料 R	技术等级 K	再处理率	再处理成本(美元/吨)	就业数(人)
b_2	r_2	k_3	49%	8.2	2.0
b_2	r_3	k_1	0	0	0
b_2	r_3	k_2	0	0	0
b_2	r_3	k_3	0	0	0
b_3	r_1	k_1	61%	4.2	2.0
b_3	r_1	k_2	65%	5.1	1.5
b_3	r_1	k_3	69%	6.0	1.0
b_3	r_2	k_1	51%	6.3	3.0
b_3	r_2	k_2	56%	7.4	2.5
b_3	r_2	k_3	59%	8.1	2.0
b_3	r_3	k_1	42%	8.2	4.0
b_3	r_3	k_2	46%	9.3	3.5
b_3	r_3	k_3	49%	10.2	3.0

注：0*表示副产品不能转化为原料，对应的物料之间的转化参数值设为0。

4.4.2 单目标优化与目标系数求解

根据4.3节步骤1的描述，三组多目标函数的优化结果如表4.3所示。由表4.3可知，F_1、F_2 和 F_3 的最小值分别为25 728.44、284.00和1 826.00，其最大值为分别为32 111.54、414.00和6 742.00。环境和社会目标的最大优先级系数分别为：414.00/284.00≈1.458；6 742.00/1 826.00≈3.692。为了在较短时间内获得尽可能多的解，设定 N 为24。

根据式(4-22)和式(4-23)，可知 $S_2 = \dfrac{\left(\dfrac{\max\{414.00, 395.00\}}{284.00} - 1\right)}{24}$

≈ 0.02; $S_3 = \dfrac{\left(\dfrac{6\ 742.00}{\min\{3\ 026.00, 1\ 826.00\}} - 1\right)}{24} \approx 0.12$。因此,环境和社会两个目标的优先级系数的集合分别为:$\lambda_2 = \{1.02, 1.04, \cdots, 1.46, 1.48\}$;$\lambda_3 = \{1.12, 1.24, \cdots, 3.76, 3.88\}$。这样,我们最多可获得576(24×24)个解,这些解共同构成帕累托曲面。

表 4.3 经济成本、环境影响和社会效益单一优化结果

项目	F_1 值(美元)	F_2 值(吨)	F_3 值(人)
以经济目标为单目标	25 728.44	414.00	3 026.00
以环境目标为单目标	29 177.51	284.00	1 826.00
以社会目标为单目标	32 111.54	395.00	6 742.00

这里,我们给出了某一决策周期内副产品再处理与交换的决策样本解决方案,如图 4.3 所示,卖方工厂在生产过程(i)中产生一些副产品,而买方工厂在生产过程中(j)中需要一些原材料。根据 4.3 节所述的 Epsilon 约束法,一旦环境目标和社会目标的优先级系数(即管理者对产业共生网络不同目标的优先级)确定后,我们就可以得到某一决策周期内副产品再处理与交换的相关决策信息。

在图 4.3 中,模块(β)是卖方工厂经产业共生网络系统决策后,决定进行的副产品再处理的量及所选择的技术水平。处理后的物料将会被运输至买方工厂。模块(φ)是买方工厂经产业共生网络系统决策后,决定从卖方工厂购买的副产品量及所选择的技术水平。模块(γ)是买方工厂仍需从外部购买的原材料信息。右侧模块表示全系统剩余的不再进行处理的副产品量。

图 4.3 呈现了某一决策时期内的副产品再处理与交换决策方案。结果显示,为了产业共生网络的整体最优化,副产品的再处理可以在买方或者卖方工厂进行。

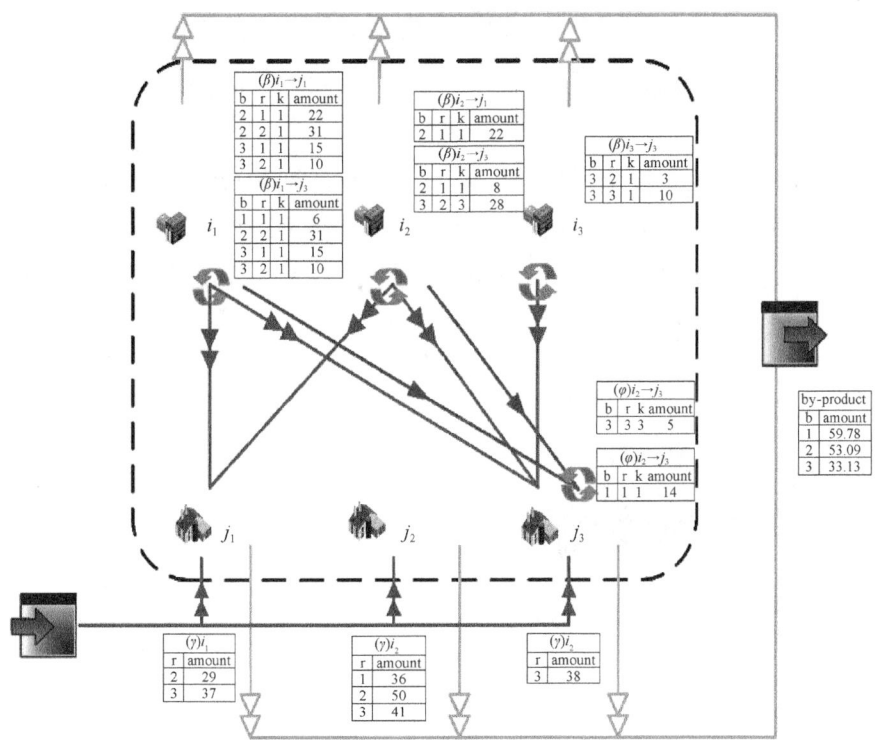

图 4.3 产业共生网络的决策样本解决方案

4.4.3 多目标帕累托前沿分析

应用 4.3 节的计算步骤,经过 576 次计算,我们最终得到 447 个有效模型解。其中,帕累托前沿的筛选规则参考步骤 3,筛选后的帕累托曲面如图 4.4(a)所示。

此外,根据帕累托曲面的结果,我们发现在"经济—环境""环境—社会""社会—经济"的两两比较中,同样存在多目标之间的权衡现象,如图 4.4(b)、图 4.4(c) 和图 4.4(d)所示。一旦降低产业共生网络的运营成本,副产品剩余量则变多[图 4.4(b)],而就业机会则减少[图 4.4(d)]。若要降低产业共生网络系统中环境目标所代表的副产品总量,副产品再处理与交换业务就必须花费更多的运营成本[图 4.4(b)],但同时意味着就业机会变少[图 4.4(c)]。如果要增加产业共生网络系统创造的就业机会,则运营成本越高[图 4.4(d)],副产品剩余量也会随之上升[图 4.4(c)]。

从结果来看,三个目标中任何一个目标的变化都会影响其他两个目标,即三目标之间存在权衡关系。产业共生网络的管理者需要根据实际情况,在考虑经济、环境和社会三目标不同优先级的情况下作出不同决策,从而实现买卖双方企业的有效协同。

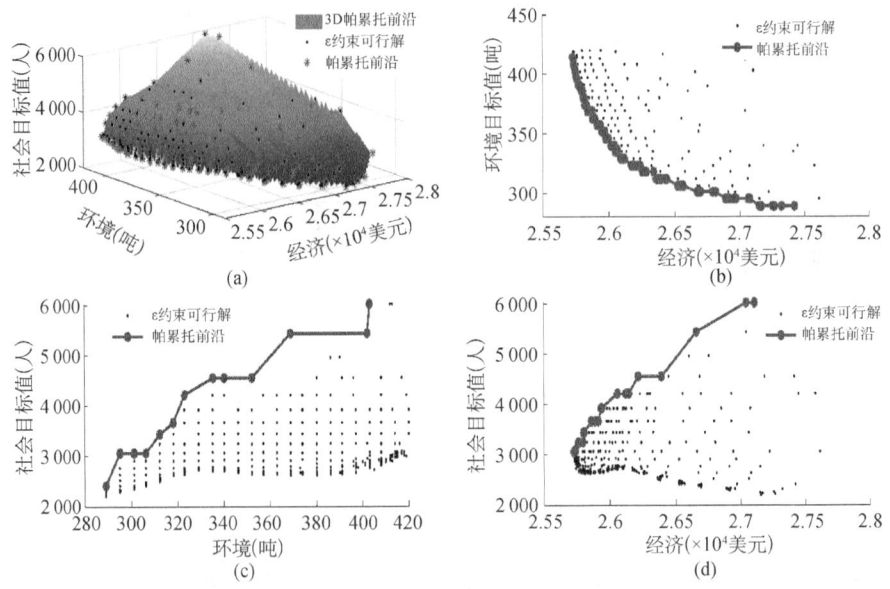

图 4.4 产业共生网络多目标模型的帕累托前沿

4.4.4 技术等级评价

对副产物再处理的技术水平等级进行决策是模型性能的另一项分析。本节测试中,我们将技术水平分别设置为"高""中""低"和"多技术"四个等级。基于不同情境的四种技术等级选项的决策结果如表 4.4 所示。从表 4.4 可以看出,多技术决策在三个目标分别最小化的情况下(即最小化成本、最小化副产品总量、最大化就业机会)都比模型基准值和单技术决策具有优势。尤其是在最大化就业机会的诉求下,多技术决策创造的就业机会是模型基准值的近 3 倍(289.73%)。

表 4.4　四种技术选择策略在最小/最大条件下的目标值

单目标	技术等级	F_1 值（美元）	比例	F_2 值（吨）	比例	F_3 值（人）	比例
Min F_1	仅低技术	25 774.16	90.87%	426.00	62%	2 903	124.75%
	仅中技术	26 085.52	91.96%	420.00	61%	2 606	111.99%
	仅高技术	26 356.62	92.92%	428.00	63%	2 596	111.56%
	多技术	25 728.44	90.70%	414.00	61%	3 026	130.04%
Min F_2	仅低技术	29 600.93	104.36%	329.00	48%	2 937	126.21%
	仅中技术	28 987.90	102.19%	294.00	43%	2 504	107.61%
	仅高技术	29 168.81	102.83%	287.00	42%	2 158	92.74%
	多技术	29 177.51	102.86%	284.00	42%	1 816	78.04%
Max F_3	仅低技术	29 958.73	105.62%	399.00	58%	3 805	163.52%
	仅中技术	29 048.80	102.41%	380.00	56%	3 355	144.18%
	仅高技术	30 228.51	106.57%	444.00	65%	3 023	129.91%
	多技术	32 111.54	113.21%	395.00	58%	6 742	289.73%
模型基准值（无交换）		28 365.30	100%	684.00	100%	2 327	100%

注:比例为与对应模型基准值的百分比。

当然,技术等级评价的结果也反映了多技术等级的决策有一定的适用范围。在以最小化成本 F_1 为目标的情境下,成本 F_1、副产品总量 F_2 和就业机会 F_3 在各类技术等级下都有一定的改善,即成本降低、副产品减少和就业机会增多。在以最小化副产品总量 F_2 为目标的情境下,副产品总量 F_2 在各类技术等级下都有一定的降低,成本 F_1 有所提高,就业机会 F_3 在"仅低技术"和"仅中技术"情况下有一定的提高。在以最大化就业机会 F_3 为目标的情境下,副产品总量 F_2 在各类技术等级下都有一定的降低,成本 F_1 有所提高,就业机会 F_3 改善明显,即产业共生网络的优化方案可以进一步扩大技术等级决策空间。同时,多技术决策也可以帮助管理者基于不同目标的优先级诉求剔除部分不适用的决策结果。

相应的,根据 4.3 节的分析步骤,我们从"经济—环境"的角度描绘了三个技术层面的帕累托前沿,如图 4.5(b)所示,多技术决策以较低的运营成本达到与其他三种模式相同的环境影响水平。从"环境—社会"的角度来看,如图 4.5(c)所示,多技术决策以较高的就业机会达到与其他三种模式相同的环境影响水平。在这一点上,多技术战略的优势明显。从"经济—社会"的角度来看,如图 4.5(d)所示,技术水平越高,维持同等就业水平的成本就越大;多技术决策可以以较低的运营成本提供相同规模的工作机会。另外,多目标的两两比较也表明,三种技术方案并不总是保持相同的趋势。当管理者需要加大环境影响控制时,低技术水平的管理成本呈现出明显的增加趋势,且环境控制效果趋于弱化,如图 4.5(b)所示。而在图 4.5(c)和图 4.5(d)中,高技术决策模式可能是"最糟糕"的选择。综合图 4.5 的结果可知,多技术决策模式的优势明显,尤其是在社会效益方面。

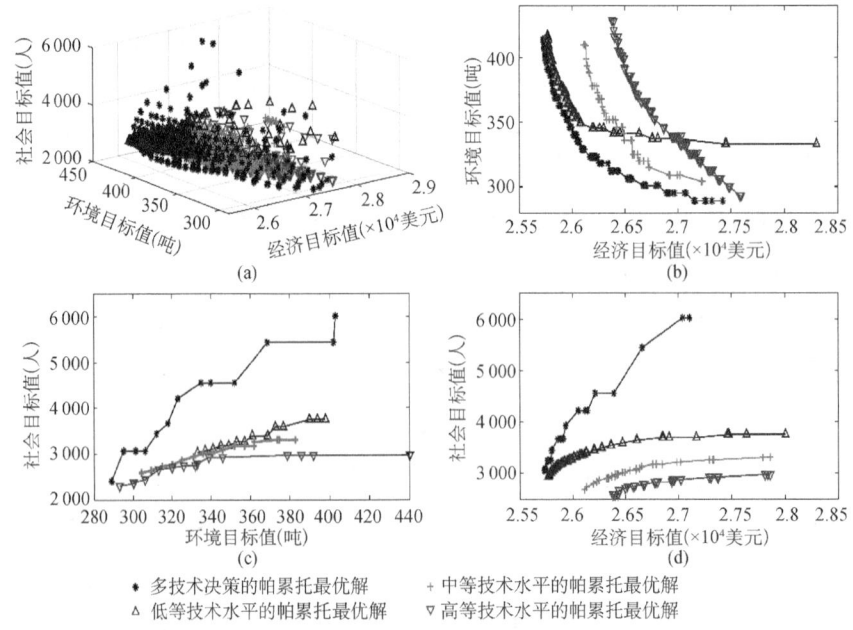

图 4.5　产业共生网络在不同技术等级下的帕累托前沿

4.4.5 鲁棒分析

以副产品再处理与交换为代表的产业共生网络的实际运营往往面临许多不确定性,如需求波动[126]和成本增加[127]。本节主要围绕优化模型参数进行鲁棒性分析,以探讨与模型相关的参数在不同的不确定性条件下对决策的影响。考虑到经济目标是模型的主要优化目标,本节选择与经济目标相关的六个参数(g_{irbk}^-, g_{jrbk}^+, e, x_{rt}, y_{it}, z_{ibt})进行鲁棒性分析。这些参数的定义见 4.2.1 节。

令 ud 为参数的不确定性,并设置 13 种不同的水平等级,即 $ud = \{0; \pm10\%; \pm20\%; \pm30\%; \pm40\%; \pm50\%; \pm60\%\}$。对于每个参数而言,在不确定作用下,新旧值之间的关系如下:

$$Value^{new} = Value^{base}(1 + ud)$$

由于所提出的模型涉及两个经优化目标转化而得的约束,我们选取环境和社会目标中的"高""中""低"三个优先级系数,联合组成 9 个场景,对上述 6 个参数进行鲁棒性分析。具体而言,令 $\lambda^e = \{1.16, 1.32, 1.48\}$ 和 $\lambda^s = \{1.96, 2.92, 3.88\}$ 分别为对应的"高""中""低"三个优先级系数。此外,为了尽可能地消除单个随机不确定值的扰动,在任一场景中,我们基于特定参数进行了 10 次相同规模的鲁棒性测试计算[106]。最后,所有测试结果都以经济目标 F_1 的平均值为基准进行观测,结果如图 4.6 所示。

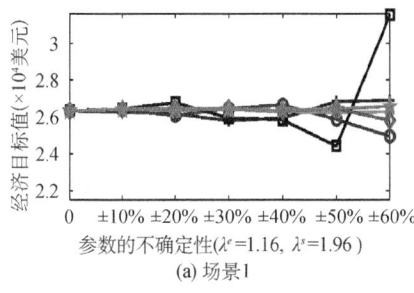

(a) 场景1

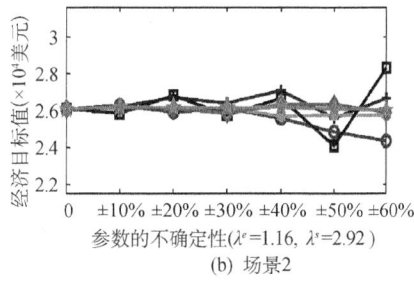

(b) 场景2

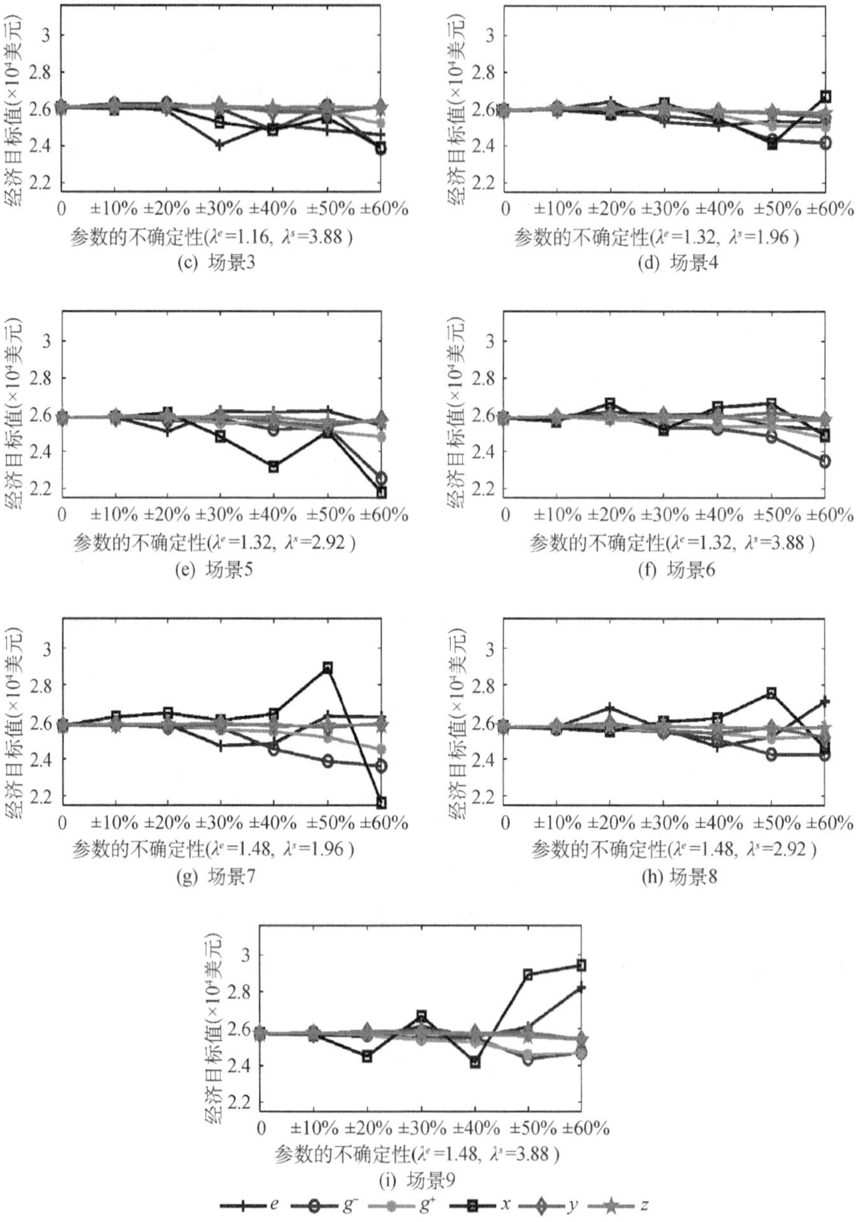

图 4.6 9个情景下不确定度下的产业共生网络经济目标稳健分析

由图 4.6 可知,参数的不确定性会对 9 个情景下的所有经济目标值产生一定的影响。特别地,当不确定性超过±50%时,影响较为明显。与其他 5 个参数相比,参数 x_{rt} 的不确定性在 9 个情景中对经济目标的影响最大。尤其是在场景 1($\lambda^e=1.16,\lambda^s=1.96$)和场景 7($\lambda^e=1.48,\lambda^s=1.96$)的不确定性达到±60%时,目标值的偏差最大。这一结果表明,产业共生网络的管理者们应重点关注外部原材料的价格(参数 x_{rt})波动。当不确定性超过±40%时,副产物处理成本(参数 g^-_{irbk},g^+_{jrbk})波动所导致的经济目标影响也会变大。特别是在场景 9 ($\lambda^e=1.48,\lambda^s=3.88$)的不确定性达到±60%时,单位运输成本 e 的变化也会对系统目标值产生一定影响。由此可见,多种场景下的鲁棒性分析可以为管理者提供不同决策情境下的关键参数信息,使其更好的应对不确定性环境。

4.4.6 管理启示

基于对数值实验的分析,我们得出了以下管理启示。

(1) 和无物料交换的状态相比,基于副产品再处理与交换的产业共生网络可以促进废旧物料的循环利用,进一步扩大就业机会。尤其是在以最小化成本为优化目标的情境下,环境和社会目标都有明显改善。

(2) 基于经济、环境和社会的三目标优化模型,为产业共生网络的多样化决策提供了解决方案,可以帮助产业共生网络的管理者根据目标优先级进行不同决策。

(3) 产业共生网络的决策方案数量在技术等级的作用下得到进一步扩充。尤其是在社会效益改善方面,多技术决策的优势明显。另外,多技术决策也可以帮助管理者基于不同目标的优先级诉求剔除部分不适用的决策选择。

(4) 由模型参数的鲁棒性分析可知,外部原材料价格、产品处理成本和运输成本的波动对模型优化结果有显著影响。因此,管理者应该密切关注这三个参数的波动情况,并及时调整产业共生网络的部署。

4.5 本章小结

本章针对产业共生提出了产业共生网络优化设计的实施思路。具体包括:①建立了一种基于混合整数规划技术的数学优化模型,描述了产业共生过程中副产品再处理与交换决策的特征;②Epsilon约束法是求解多目标产业共生网络模型的有效方法,本研究所得帕累托前沿证实了三目标之间存在权衡现象;③基于副产品再处理的技术等级层面决策和模型参数的鲁棒性分析,得出了相关的管理启示。

5 "IE³绿色屋"战略层面研究：绿色创新合作网络分析问题

5.1 问题背景

本章以绿色创新合作网络为例,从"IE³绿色屋"的战略层面进行研究,主要包括企业构建绿色创新网络、识别绿色创新网关键特征、选择绿色创新合作伙伴等一系列问题。

技术创新是传统企业转型升级的必由之路[128],绿色技术创新是企业开展可持续运营管理的重要方式[129]。对特定行业开展绿色技术创新合作网络分析,可以揭示该行业绿色技术创新合作的发展趋势,并为行业内企业参与绿色创新合作、提升自身绿色创新能力提供方法参考。

交通运输技术作为影响公共交通和贸易流的复杂创新活动,正在进行革命性的升级,以应对不断变化的市场需求[130]。其中,绿色交通技术被认为是在日益严重的环境危机中提高交通行业和运输市场可持续绩效的实用解决方案[131]。在可持续发展的应用和实践中,大量的研究文献和研究应用探索了绿色交通技术的开发、验证和应用[77],而这些绿色交通技术的研究产出往往是通过个人或组织之间的合作实现的。因此,在新兴绿色交通技术发展的背景下,探讨绿色技术创新合作的发展趋势,以及识别这些创新合作活动的关键参与者是至关重要的。然而,目前针对绿色交通运输技术创新的合作活动,尤其是针对国内交通产业的绿色技术创新合作分析研究较少。此外,现有研究大多关注交通运输行业特定的技术合作,对整个交通运输业的绿色创新合作分析研究较少[132]。

从方法论的角度看,在文献计量分析和复杂社会分析中被广泛使用的社会网络分析方法也经常被用来分析不同组织和个人之间的协作关系,从而有效地检测和分析绿色交通技术创新合作中的关键节点和关系。从数据来源的角度看,越来越多的个人和组织在以专利为代表的技术创新上投入了大量的资金。从技术分类上讲,世界知识产权组织(World Intellectual Property Organization,WIPO)发布了一份名为IPC(国际专利分类号)代码表的绿色专利清单,以方便与无害环境技术相关的专利检索和申请。该清单已被应用于能源技术研究[133]和绿色技术创新的宏观分析领域[134]。

在此背景下,本书基于社会网络分析方法和绿色交通专利数据,对我国交通行业的绿色技术创新合作网络进行分析研究,主要研究目标如下:

(1)分析我国绿色交通技术创新合作网络的总体状态和演化情况。

(2)识别绿色交通技术创新合作网络中的主要参与实体和主要参与者。

(3)总结绿色交通技术创新合作网络的管理启示。

5.2 研究框架与方法

5.2.1 研究框架

为了明确本研究的实施过程,我们设计了如图5.1所示的研究框架,该框架主要包括以下四部分内容。

(1)数据收集:开发一款Python网络爬虫工具,基于绿色IPC清单在 SIPO 数据库中爬取、收集相应的专利数据,整理成为研究所需要的专利数据。专利数据来源为国家知识产权局数据库中的相关专利。国家知识产权局数据库是我国官方专利数据库,包含了完整的专利信息,其相关数据经常被用于创新技术研究。[135]研究选取的调查时间为2007—2018年,较长的时间跨度利于观察创新合作网络的演化。

(2) 数据处理:构建基于专利数据预处理的多属性指标体系,分析绿色交通技术创新合作网络的特点。属性指标包括 IPC 代码分类、专利申请人、批准时间、申请地区等。

(3) 可视化:使用社交网络分析工具——Gephi 软件将所搜集筛选的联合申请类的目标专利数据生成绿色交通创新合作网络。

(4) 分析:通过专利信息统计分析和社会网络分析技术,评估绿色交通创新技术协作活动的网络结构、网络演化和网络性质,总结管理启示。

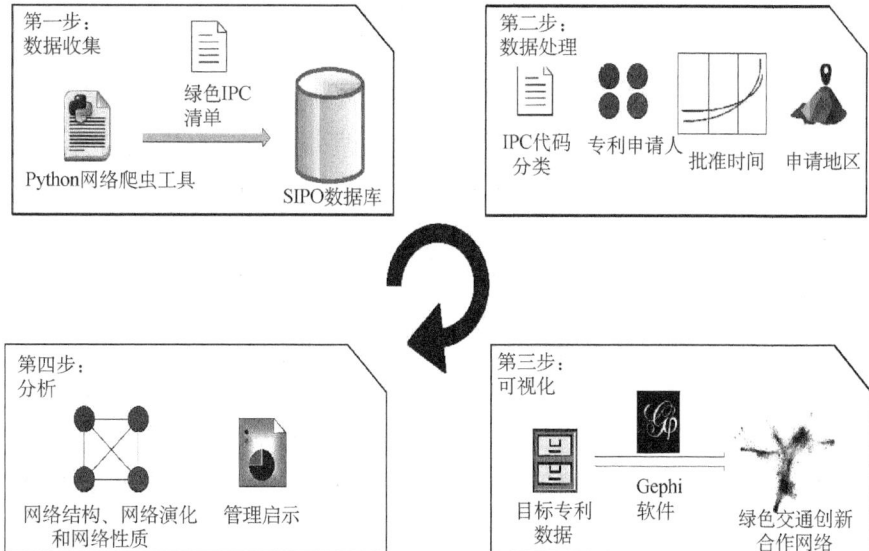

图 5.1　绿色创新合作网络分析研究框架

5.2.2 数据采集

1. 数据来源

已授权的多方联合申请专利数据被用于绿色创新合作网络的构建分析。数据通过开发的网络爬虫工具从国家知识产权局数据库中收集而得。IPC 运输类别中的绿色交通技术专利被选为本研究的绿色交通技术清单。5 个一级 IPC 分类和 57 个二级 IPC 分类被视为绿色交通技术的代码。在实践中,IPC 分类法和关键词检索法在专利调查领域得到了广泛的应用,但这些分类检索方法都面临一些不足。例如,一个专利常常隶属于多个 IPC 分类,这就可能会导致搜集的专利数据存在冗余重复。而关键词检索法虽然可以检索到包含特定信息的专利,但是关键词的选取往往是主观的,关键词的覆盖范围往往是不完整的。因此,我们选择使用 IPC 分类法,并在抓取 IPC 绿色专业清单中的所有交通运输专利后,根据专利申请号删除重复数据,以避免重复收集数据。

我国专利分为三类,即发明专利、实用新型专利和设计专利。其中,实用新型专利权为专利人提供了更方便、更便宜、更快捷的专利保护[136],实用新型专利被学者视为专利分析和技术创新评价的主要类型[137]。因此,本书选定实用新型专利作为目标专利分类。

2. 合作识别

本章的研究重点是绿色交通专利技术的创新合作网络。在这里,包含两个或多个专利申请实体的专利被确定为合作专利。[138]为了方便描述合作专利中多成员的排序关系,我们将合作专利的第一个申请实体作为领导节点,将合作专利的第二个及后续申请实体作为跟随节点。这种设置的原因是,专利的第一个申请实体往往被认为对专利的贡献更大。[139,140]通过对专利申请实体的分析,并参考以往文献中关于创新合作实体的分类原则[141],我们将申请实体类型分为企业(B)、个人(C)、研究机构(I)和高校(U)四种类型。绿色交通技术专利的静态模式分析结果是通过统计2007—2018年已授权专利得到的,而其演化模式分析结果是通过统计分时段序列得到的。这里,我们将演化考察期分为三个时间段:2007—2010年、2011—2014年和2015—2018年。最后,我们借助Gephi软件,基于网络实体中"领导—跟随"的关系构建绿色交通技术创新合作网络。[142]

5.2.3 社会网络分析方法

1. 网络结构分析

下面介绍社会网络分析方法中网络结构分析的主要指标及其意义。[143]

1) 网络密度

网络密度用以描述网络中节点间互连链路的密度。因此,网络密度可以被定义为网络中实际链路数量与可容纳链路数量上限之比。这里,网络密度的计算公式为:

$$D = \frac{T}{n(n-1)}$$

其中,T为网络中的链路数,n为网络中的节点数,$n(n-1)$为网络中可能存在的最大链路数。

2) 网络平均度

节点的度是指连接到节点的链接数。网络平均度是指网络中所有节点的平均度。网络平均度的计算公式为:

$$a = \frac{1}{N}\sum_{i=1}^{n} Degree(V_i)$$

其中,N为网络节点数。

3) 网络平均加权度

链接的权重表示链接在两端节点之间相关关系的强弱。一个节点的加权程度与节点的链接数有关。但是,每个链接的权重是不同的。

网络的平均加权度是指网络中所有节点加权度的平均值。

4) 网络直径

网络的直径被定义为网络中所有计算出的最短路径中最长的路径。也就是说,网络直径表示网络中两个最远节点之间的最短距离。

5) 网络平均聚类系数

一个节点可能有 K 个邻居节点。K 个邻居节点之间的实际链接数量除以 K 个相邻节点之间链接的最大可能数量被称为该节点的聚类系数,即 $C_K^2 = K(K-1)/2$。网络的平均聚类系数是指网络中所有节点的聚类系数的平均值。

6) 网络平均路径长度

网络平均路径长度是指网络中任意两点间的距离的平均值。这一指标反映了网络节点的分离程度,表明了网络的传输性能和效率。网络平均路径长度越小,则网络中节点之间的连接程度越大。

2. 网络节点分析

在网络分析领域,网络中心性是衡量网络中节点重要性的一组关键指标。对于不同的中心性算法,节点中心性的评价标准也不一样。具体指标解释如下。

1) 度中心性

度中心性是网络分析中用于描述节点中心性最直接的指标。节点的度越大,节点的度中心性越高,节点在网络中的价值也就越大。一般来说,度中心性的值较大的节点处于被研究网络的中心,它对其他节点的影响更大。如果研究对象是有向网络,即从一个节点指向另一个节点的链接点,则该节点有两种不同类型的度:输入度和输出度。输入度即输入到节点的链接数;输出度即节点输出的链接数。度中心性的计算公式为:

$$C_D(n_i) = d(n_i) = \sum_{j=1} x_{ij} = \sum_{j=1} x_{ji} (i \neq j)$$

其中，$d(n_i)$ 是指度中心性，$\sum_{j=1} x_{ij}$ 被用来计算节点 i 和其他节点 j 之间的直接链接数。

2) 中介中心性

中介中心性刻画的是网络中最短链路从一个节点到另一个节点的平均长度。换言之，对于一个节点而言，它离其他节点越近，网络中的各节点就越集中。例如，需要被尽可能多的人使用的设施，其中介中心性应较高，即它离城市中心应比较近。中介中心性的计算公式如下：

$$C_{ABi} = \sum_{j}^{n}\sum_{k}^{n} b_{jk}(i), j \neq k \neq i, j < k$$

其中，b_{jk} 表示节点 i 管理节点 j 与 k 之间链接的能力。

3) 紧密中心性

紧密中心性是指一个节点充当其他两个节点之间最短"桥梁"的次数。一个节点充当"桥梁"的次数越多，其紧密中心性就越大。紧密中心性计算公式为：

$$C_{APi}^{-1} = \frac{1}{\sum_{j}^{n} d_{ij}}$$

其中，d_{ij} 表示节点 i 与 j 之间的距离。

5.3 结果分析

首先，5.3.1节概述了绿色交通技术创新合作网络在我国的发展概况，包括绿色创新合作专利的数量规模、合作分类表现、分技术领域和分地区差异等结果。其次，5.3.2节分析了绿色交通技术创新合作网络的网络结构，包括网络演化、网络特征和关键节点等信息。最后，5.3.3节总结了相关管理启示。

5.3.1 总体概括

1. 专利数量

根据 IPC 绿色专利清单的检索与筛选结果,在 2007—2018 年,绿色交通技术相关实用新型专利总数为 59 809 件,其中合作专利为 4 467 件。图 5.2 展示了调查期间专利总数和合作专利的年度数量。

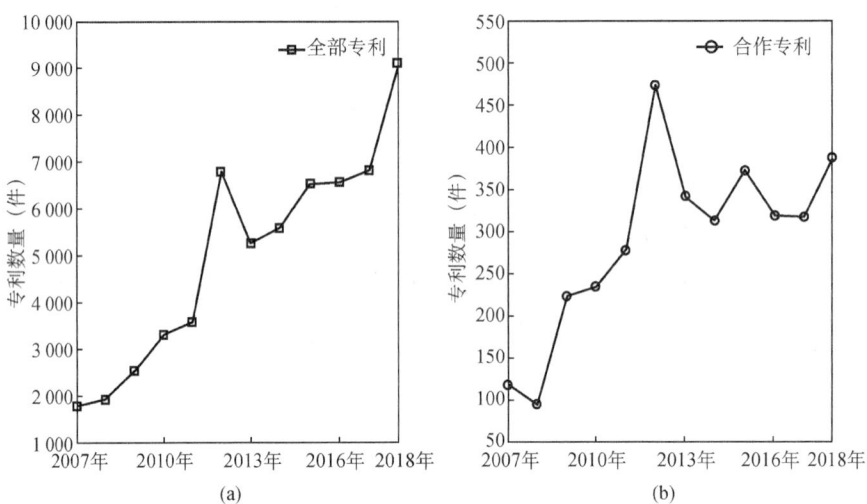

图 5.2 绿色交通技术专利的总数与合作类绿色交通技术专利的数量变化趋势

由图 5.2 可知,2007—2018 年绿色交通技术专利的总数及合作类绿色交通技术专利的数量均稳步增长。其中,2012 年绿色交通技术专利的总数及合作类绿色交通技术专利的数量有比较显著的增加。总体而言,在调查期间,以绿色交通创新活动和合作绿色交通创新活动为代表的绿色创新合作比较活跃。

2. 专利合作分类

根据 5.2.2 节合作单位的分类原则,将 4 467 项合作类绿色交通技术专利分为 B 类(企业主导)、C 类(个人主导)、U 类(高校主导)、

I类(研究机构主导)四类,结果如图5.3所示。

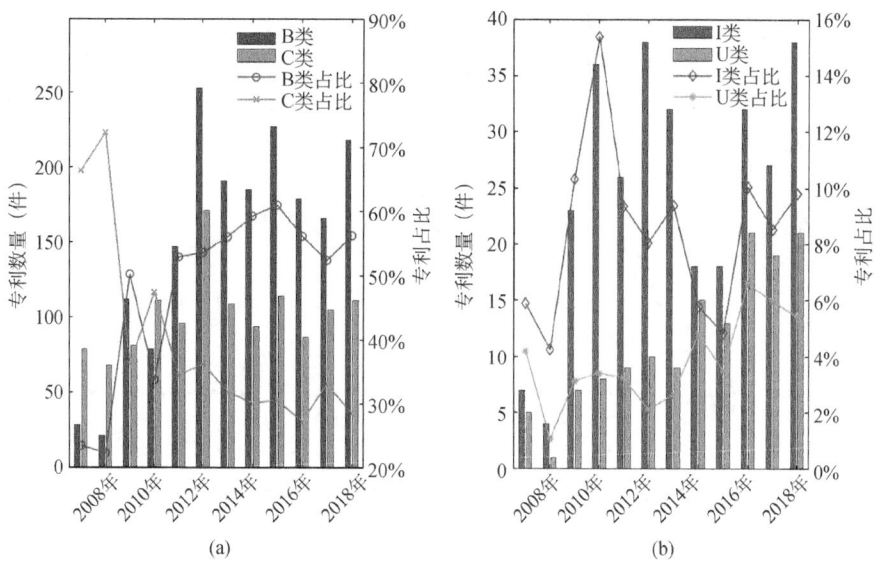

图5.3 不同合作类绿色交通技术专利的数量变化趋势

从分项上看,C类和B类合作专利的数量和占比随时间的推移发生了显著变化,如图5.3(a)所示。在2008—2009年,C类合作专利比B类合作专利多。2011年之后,这一趋势发生了转变,B类合作专利的占比超过50%,而U类合作专利和I类合作专利相对较少。其中,I类合作专利的比例略高于U类。总之,B类节点已经逐渐成长为绿色交通技术创新合作网络中最主要的创新领导主体。由图5.3(b)可知,B类和C类合作专利占比较大,而U类和I类合作专利占比较小。

3. 技术类别

5.2.2小节指出了IPC绿色专利清单中交通行业的5个一级分类,下面我们据此统计不同类别的绿色交通技术合作专利数据的发展情况。图5.4显示了合作类绿色交通技术分领域各类专利数量变化趋势。

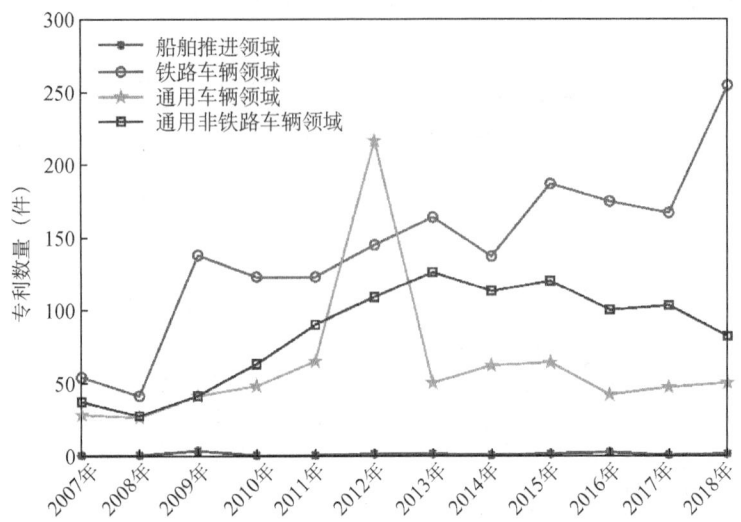

图 5.4　合作类绿色交通技术分领域各类专利数量变化趋势

由图 5.4 可知,在多数时间段内,铁路车辆领域的绿色交通技术合作专利数量处于领先地位,而且这一趋势还在继续增长。值得注意的是,在 2012 年,通用车辆领域的绿色交通技术合作专利数量出现了一个显著的峰值,这为图 5.2 中 2012 年专利数量大幅增长寻找到了原因。而相比于其他三类,船舶推进领域的绿色交通技术合作专利数量一直处于低水平,也就是说,其绿色创新合作不活跃。

5.3.2　创新合作网络分析

1. 网络演化

在本研究中,绿色交通技术创新合作被划分为三个阶段:S1 (2007—2010 年)、S2(2011—2014 年)和 S3(2015—2018 年)。我们通过构建 4 467 项合作专利的三个阶段绿色创新合作网络,展示了绿色交通技术创新合作的演化过程。表 5.1 列出了不同时期绿色创新合作网络的特征。

表 5.1 不同时期绿色创新合作网络的特征

项目	S1(2007—2010 年)	S2(2011—2014 年)	S3(2015—2018 年)
节点数量	987	1 686	1 727
B 类节点数量/占比	238/24.11%	572/33.93%	680/39.37%
C 类节点数量/占比	703/71.23%	1 010/59.91%	903/52.29%
U 类节点数量/占比	24/2.43%	55/3.26%	71/4.11%
I 类节点数量/占比	22/2.23%	49/2.91%	73/4.23%
链接数量	876	1 769	1 822
B 类主导的链接数量/占比	288/32.88%	869/49.12%	939/51.54%
C 类主导的链接数量/占比	489/55.82%	716/40.47%	618/33.92%
U 类主导的链接数量/占比	26/2.97%	48/2.71%	79/4.34%
I 类主导的链接数量/占比	73/8.33%	136/7.69%	186/10.21%
网络密度	0.001	0.001	0.001
网络平均度	0.637	0.657	0.675
网络平均加权度	0.888	1.049	1.055
网络直径	5	5	6
网络平均聚类系数	0.009	0.013	0.009
网络平均路径	1.121 4	1.265	1.97

我们从表 5.1 可以看出,网络中的节点和链路数量在不断增加。在节点层面上,网络中有较多链接数的 C 类节点数量正在减少,出现了下降趋势;而 B 类节点逐渐增多,其中原本分散的中度影响节点变为少数重度影响节点。同时,B 类节点和企业主导的合作关系的比例在增加,成为网络中的主要主导主体和合作类型。在网络层面上,绿色创新合作网络中网络平均度和平均加权度数的增加,表明绿色创新合作中单个实体连接其他实体的能力正在提高。网络直径和平均路径长度的增加,表示绿色创新合作的技术创新成本可能会增加。

2. 节点分析

社会网络分析方法除了可以反映出网络的演化过程和网络结构，还可以识别网络中的关键节点。这里，我们使用 5.2.3 中节点中心性的三组指标进行分析评价。

表 5.2 分别列出了度中心性、中介中心性和紧密中心性排名前 10 的节点信息。结果表明，国家电网的三个中心性指标均排在第一位，这反映了该节点在绿色创新合作网络中的关键地位。

在度中心性方面，国家电网、中国神华能源和中车集团的值比较大，说明这些实体的节点在网络中直接相连的实体节点多，合作伙伴众多。

在中介中心性方面，国家电网、中车集团株洲时代电子技术和南车青岛四方的值排名靠前，说明网络中的很多合作关系都必须经过这些节点，即这些节点掌握了大多数合作资源，其地位不可取代。

在紧密中心性方面，国家电网、中铁二局、广州轨道、南车青岛四方、辽宁朝阳新能源等的中心性值比较大，说明它们在网络中快速找到合作伙伴的能力强。

3. 不同主导类型的网络

在前两部分中，我们分析了一个由四类主要实体主导的协作网络。一个有趣的问题是：由四个创新实体分别领导的绿色创新合作网络的结构特征是什么？表 5.3 给出了这种绿色创新合作网络的网络特征。

表 5.2　绿色创新合作网络中三种中心性排名前 10 的节点信息

中心性类型	节点名称	中心性值
度中心性	国家电网	51
	中国神华能源	40
	中车集团	23
	吉利控股	11
	国家铁路局	10
	株洲时代电子技术	7

(续表)

中心性类型	节点名称	中心性值
度中心性	中铁十二局	7
	上海轨道咨询	7
	广州轨道	7
	南车青岛四方	7
中介中心性	国家电网	575
	中车集团	344
	株洲时代电子技术	309
	南车青岛四方	242.5
	株洲时代科技	233
	青岛亚通达铁路设备	103
	南车青岛四方	101
	上海轨道咨询	84
	北京华兴致远科技	78
	南京康尼机电	46
紧密中心性	国家电网	1
	中铁二局	1
	广州轨道	1
	南车青岛四方	1
	辽宁朝阳新能源	1
	吉利控股	0.857
	中国石油	0.833
	国家电网山东省电力公司	0.8
	齐齐哈尔轨道交通装备	0.8
	中车集团	0.778

表5.3 不同节点类型所主导的绿色创新合作网络的网络特征

项目	B类实体主导的网络	C类实体主导的网络	U类实体主导的网络	I类实体主导的网络
节点数量	1 445	2 372	208	165
B类节点数量/占比	1 186/82.08%	34/1.43%	66/31.73%	74/44.85%
C类节点数量/占比	166/11.49%	2 331/98.27%	48/23.08%	2/1.21%

(续表)

项目	B类实体主导的网络	C类实体主导的网络	U类实体主导的网络	I类实体主导的网络
U类节点数量/占比	40/2.77%	7/0.30%	89/42.79%	7/4.24%
I类节点数量/占比	53/3.67%	0/0	5/2.40%	83/50.30%
链路数量	2 096	1 825	153	395
网络密度	0.001	0.001	0.009	0.006
网络平均度	0.694	0.649	0.615	0.782
网络平均加权度	1.451	0.769	0.736	2.394
网络直径	10	3	2	3
网络平均聚类系数	0.007	0.01	0	0.04
网络平均路径	2.095	1.575	1.117	1.549

如表5.3所示,B类实体主导的网络拥有最多的链接,说明这种网络合作最频繁;C类实体主导的网络拥有最多的节点,说明这种网络的参与实体最多;U类实体与C类实体主导的网络拥有的节点与链路较少,说明由这两类实体主导的网络的合作范围和参与度较小。

从网络拓扑结构来看,U类实体主导的网络密度最大,说明网络成员之间的联系最紧密;I类实体主导的网络的平均度和平均加权度最高,说I类实体连接其他实体的能力较强。在最后三个网络特征指标中,B类实体主导的网络直径最大,说明该类网络的空间尺度最大;I类实体主导的网络平均聚类系数最大,说明该类网络实体聚类抱团现象明显;B类实体主导的网络平均路径最大,说明该类网络的创新成本最大。

5.3.3 管理启示

基于对数值实验的分析,我们得出以下管理启示。

(1) 本研究选择的联合申请类绿色交通技术专利数据是构建绿色创新合作网络的有效数据。结果表明,从2007年到2018年,绿色交通技术的创新合作持续增长,铁路业绿色交通技术创新合作的增长尤为显著。该结果为企业有针对性地选择绿色创新合作领域和地区提供了参考。

(2) 企业类型实体正逐渐成长为绿色交通技术创新合作网络的关键实体。企业主导的绿色技术创新合作输出最多,企业主导的绿色技术创新合作网络在网络规模和复杂度上都是最大的。加强与企业的绿色创新合作,可能会提高包括企业在内的四类组织的绿色创新运营绩效。

(3) 高校和研究机构主导的绿色技术创新合作输出较少,可见高校和研究机构不是绿色技术创新合作网络中的强势主导实体。为此,政府应加强相关政策,鼓励高校和研究机构主导创新合作,以进一步提高社会的整体绿色创新能力。

(4) 网络节点分析显示,国家电网是绿色交通技术创新合作网络中的关键节点,在合作伙伴数量、资源掌握程度和合作伙伴可达性方面都有较大优势。社会网络分析方法可以帮助企业快速识别绿色创新合作网络中的重要节点,为企业寻找合作伙伴提供参考。

5.4 本章小结

本章主要开展了绿色交通技术创新合作网络的构建与分析研究,主要进行了如下工作:①设计开发了基于专利数据的绿色技术创新合作网络研究框架,以指导绿色技术创新合作网络的具体研究;②设计开发了专利数据爬虫工具,以支持基于 WIPO 绿色技术清单的专利数据的在线收集;③开展了基于社会网络分析技术与 Gephi 软件的绿色创新合作网络分析,对企业、高校、个人和科研机构等四类实体所主导的绿色创新网络开展了网络演化、网络结构、重要节点和网络特征的分析。

本研究的实施过程和分析结果为企业参与绿色创新合作提供了决策参考。

6 "IE³绿色屋"技术融合研究：区块链技术赋能循环供应链网络管理关键成功因素评估问题

6.1 问题背景

循环供应链网络(circular supply chain network，CSCN)管理是绿色可持续运营管理的重要组成部分，一直受到学术界和产业界的关注。[144,145]CSCN管理可以优化供应链资源分配，并通过基于物质循环理念的运营方式开展供应链网络绿色可持续管理。[146]同时，企业采用CSCN管理策略可以增强供应链的弹性和可持续性，降低部分关键资源的需求。[147]例如，循环供应链的多层供应链网络结构有助于提高资源利用率并重构消费模式。[148]然而，在为供应链系统重新设计面向CSCN策略的网络结构时，企业往往面临财务可行性、产品复杂性等一系列挑战[149]，而新技术的采用被认为是应对这些挑战并加强CSCN管理的创新方法之一[150]。包括物联网[151]、区块链[152]、人工智能[153]、3D打印[154]、机器人和自动化[155]等在内的新技术在数字信息管理、业务流程再造和优化战略实施方面为CSCN管理提供了多种解决方案，从而可以进一步提升供应链网络的可持续竞争优势。与此同时，由于多个供应链实体的参与和互相协作，将新技术引入CSCN管理的实施过程必然是一个复杂的系统工程[156]。因此，供应链网络管理者必须通过识别关键成功因素促进商业模式和新技术的整合，以便更有效地满足客户的需求。

在 CSCN 管理过程中,通过新技术赋能信息传递是关键问题之一。[157]在从传统供应链网络向 CSCN 转型过程中,供应链中的核心信息(如产品需求、交易价格、交货期、资源回收率和温室气体排放等)是供应链利益相关者关注的焦点。[158]区块链技术是一种不可变的用于记录交易和跟踪资产的分布式账本技术,可以确保供应链信息在各级网络中的有效传递[159],从而确保供应链信息的可追溯性和透明性。[160]一些行业部门已在这一领域开展了探索性的实践。Circularize 是位于荷兰的一家塑料回收初创公司,该企业采用区块链赋能供应链网络管理,其供应链运营模式得到了欧盟委员会"H2020"项目的支持。[161]跨国化工公司巴斯夫启动了一项创新性的区块链试点项目,旨在改善再生塑料的循环利用效率和物流信息的可追溯性。[162]埃森哲公司正在与亚马逊网络服务公司合作,使用亚马逊管理的区块链服务来创建一个循环农业供应链管理解决方案,该方案综合了供应链、区块链、身份验证、生物识别和支付功能,如图 6.1 所示。[163]埃森哲公司的解决方案在区块链和人工智能的帮助下,提供了从生产者到消费者的完整供应链信息。

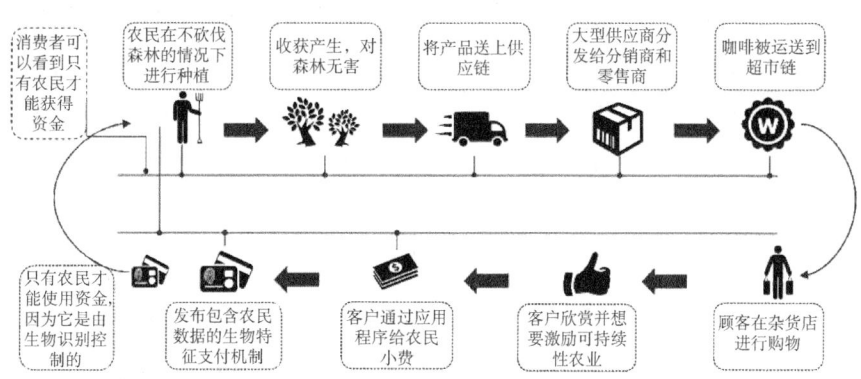

图 6.1　埃森哲公司的区块链赋能循环供应链管理解决方案

虽然与区块链技术相关的学术研究和行业实践在逐步增加,但区块链技术在循环供应链管理中的应用和实施仍然面临挑战。首先,区块链技术仍处于发展的初始阶段,企业人员对其实现成本和应用场景的了解不足会影响后续的推进。[164]其次,技术工程师和业务经理之间的沟通障碍是企业引入新技术时的常见问题。[165]而在循环供应链管理方面,复杂的网络结构会因为区块链技术的引入而更加复杂。最后,CSCN 管理中经济、环境和社会的多个目标权衡也会导致区块链赋能 CSCN 的系统性风险。[166]已有文献对 CSCN 与区块链技术的融合探索有限,而且没有充分描述支持区块链技术的 CSCN 管理通用框架,也没有探索和评估区块链技术赋能 CSCN 的关键成功因素。

在上述研究的推动下,本章旨在回顾有关区块链技术赋能 CSCN 实施的文献,并设计一种多属性决策方法(multi-criteria decision-making,MCDM),通过不同专业人士的意见来评估项目实施的关键成功因素。本章开发了一个包含若干潜在成功因素的通用型层次结构系统。同时,本章检索了三个文献流(区块链技术、区块链技术赋能 CSCN 集成以及传统 CSCN),以便回顾通用型层次结构系统的要素准则。本章的目标是应用多属性决策方法帮助供应链管理人员在 CSCN 环境中识别区块链技术实施的关键成功因素。

本章研究流程如图 6.2 所示。在内容方面,本章整合了区块链技术在供应链可追溯性和循环管理方面的应用工作,探索了如何改善基于区块链技术的 CSCN 管理。在方法方面,本章使用层次分析法(analytic hierarchy process,AHP)以及决策试验和评估实验室(decision-making trial and evaluation laboratory,DEMATEL)综合分析法(以下简称 AHP-DEMATEL)来确定区块链技术赋能 CSCN 管理相关因素的权重和关系,从而识别关键成功因素。在目标方面,本章总结了区块链技术赋能 CSCN 管理的启示,以帮助企业人员提高区块链技术的实施能力。

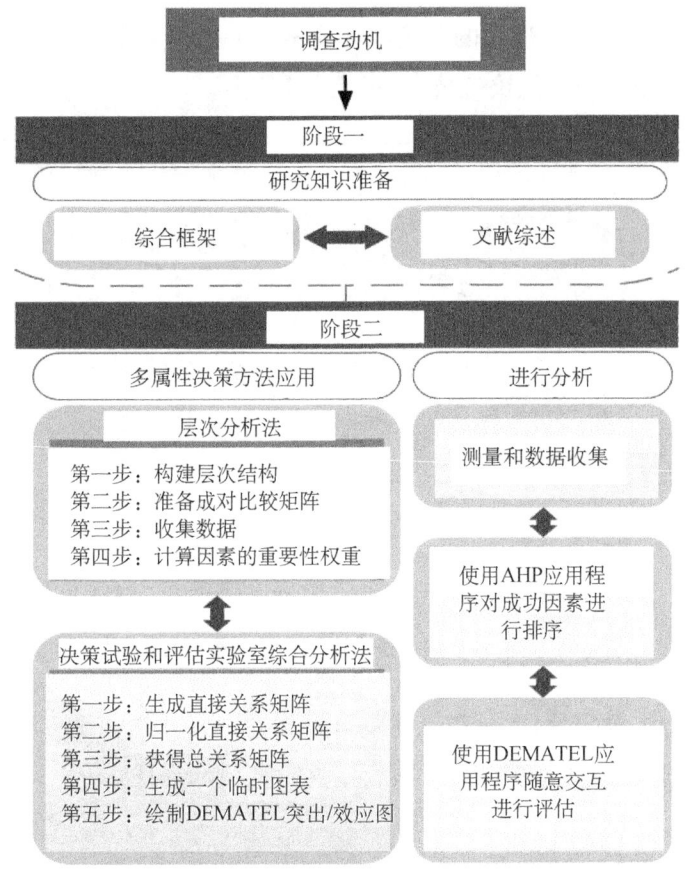

图 6.2 集成 AHP-DEMATEL 方法的研究流程

6.2 整合框架

"区块链技术"和"循环供应链网络"是企业管理者在实施区块链技术赋能 CSCN 策略时候需要考虑的两个基本概念。[167]当企业管理者应用区块链技术赋能 CSCN 管理时,循环供应链网络的内外部环境都会发生变化。整合框架可以帮助企业管理者识别循环供应链网络内外部的各种复杂活动。因此,本章设计了一个整合框架来识别区块链技术赋能 CSCM 管理中的关键成功要素。如图 6.3 所示,整合框架中的三个部分分别为区块链技术、集成和 CSCM。

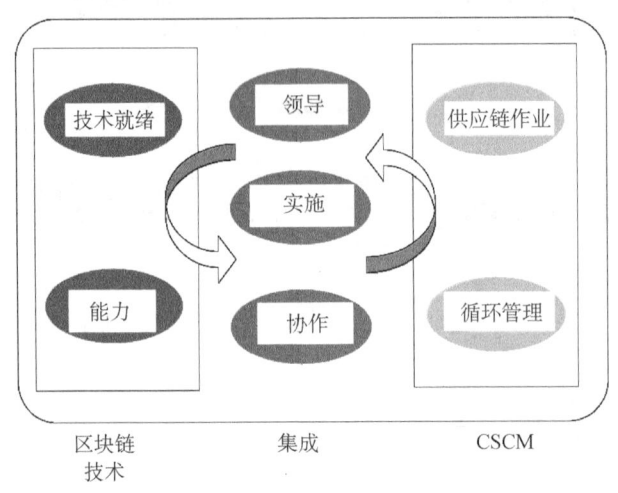

图 6.3　CSCM 区块链技术赋能 CSCM 管理的整合框架

值得注意的是,本章在上述整合框架中嵌入并强调了 CSCM 的绿色可持续实践,并基于该框架进行了文献调研和综述。

6.2.1　区块链技术

区块链技术在娱乐、零售、慈善和医疗保健等诸多行业获得了关注。[168,169] 2008 年,中本聪(Nakamoto)[170]发表了题为《比特币:一种点对点的电子现金系统》的区块链技术论文。此后,区块链的研究和应用出现在各个领域中。[171,172]区块链技术为数据记录和交易提供了一个分布式平台,已成为供应链公司实施信息化和数字化的重要选择之一。[173]

技术准备被视为区块链技术开发和实施的基础。[157,174]在 Hastig 和 Sodhi[157]的框架中,技术准备的准则涵盖了三个成功因素:技术成熟度、数据安全性和技术可行性。首先,技术成熟度包括新兴技术的应用实例、技术适应性、基础设施完整性等要求。然而,大量的设备投资和耗时的计算限制了区块链技术的推广和应用。[173]其次,数据安全涵盖系统漏洞、用户隐私、平台公信力、数据公信力、数据治理等。有效的数据安全性是确保基于区块链技术的交易通常受信任的前提。[175]最后,运营成本分析、硬件设施的能耗和硬件可扩展性是技术可行性的关键点,供应链企业必须衡量实施区块链技术的成本和可行性。[176]

能力是另一个广受重视的准则,它是指公司开展运营活动所需的技术资源和能力。[177]在 Hastig 和 Sodhi[157]的框架内,能力准则包含三个成功因素:技术能力、组织准备情况和带来变革的其他能力。首先,技术能力是指部署信息技术的能力和操作系统所需的技能。实施区块链技术的能力不足通常会阻碍企业基于区块链开展业务。[177,178]其次,技术知识储备、信息系统项目管理水平、技术团队组成是组织准备的重要因素。Uslay 和 Yeniyurt(2018)[179]研究了技术专家在区块链技术实施中的积极作用。Clohessy 和 Acton(2019)[180]探讨了组织因素对区块链技术实施的影响。最后,经营条件、现金流和投资可持续性也是企业应对技术变革的重要因素。[175]

6.2.2 循环供应链管理

Hastig 和 Sodhi(2020)[157]研究发现,循环供应链网络的运营实践是区块链技术实施的一个重要场景。在区块链技术应用的背景下,信息捕获和网络运营被认为是推动供应链实践的成功因素。信息捕获涉及及时准确的数据处理、供应链绩效捕获以及信息基础设施的维护。[181]高效的数据存储和及时的数据共享可以提高供应链网络的运营绩效。供应商和合作伙伴之间良好的数据管理和信息维护运营模式也会极大地促进区块链技术在供应链实践中的实施。[182]此外,包括技能、指导和故障纠正在内的知识培训也很重要,它是供应链实践中的另一个成功因素。[183]

本章的目的是探讨区块链技术在 CSCM 中实施的成功因素。本章选择了 CSCM 方面的循环管理实践作为准则。Geng 等[184]开发了一个概念框架,该框架描述了绿色供应链管理实践的驱动因素和障碍。Kouhizadeh 等[152]介绍了几个案例,描述了基于区块链技术的循环经济的实施方法,并探讨了区块链技术促进循环供应链管理的实施方案。Agrawal 等[182]分析了印度的两个案例,以此来说明在循环经济中使用区块链技术的具体做法和影响,其研究结果证明了循环理念的重要性。Quintana-García 等[185]基于欧洲制造公司为期十年的面板数据开展了若干假设测试,以进一步了解面向绿色供应链管理的区块链技术战略对公司声誉的影响。此外,一些研究也表明,信息披露是区块链技术在周期管理中的另一个成功因素。循环管理要求及时披露供应链中的各种信息,如企业责任、碳排放和污染物排放等。[186]一旦采用区块链机制,有关 CSCM 的信息披露内容就无法被篡改。[187]

6.2.3 区块链技术与 CSCM 的整合

集成已成为现代供应链管理的重要实践。[188,189]实际上,区块链技术赋能 CSCM 实施的过程涉及"区块链技术"与"CSCM"两个维度的集成。[190]Wang 等[191]进行了系统综述,以分析区块链技术如何影响未来的供应链实践和政策。

Hastig 和 Sodhi[157]强调了领导力在项目整合过程中的功能。内部和外部利益相关者的领导力对于区块链技术在供应链中的实施至关重要。[192]。领导力可以提升供应链中的合作伙伴水平,并帮助公司寻求外部技术和资源的支持。[193]此外,领导力也可以为中小企业区块链项目的顺利实施提供强大的驱动力。[194]

Hastig 和 Sodhi[157]介绍了合作的三个成功因素:目标一致性、伙伴信任关系以及利益相关者的参与。首先,目标一致性包括信息共享、冲突目标的管理、产品生产的共同标准以及管理流程的协作。目标一致性是区块链技术实施的基础和保障。[195]其次,伙伴信任关系包括信息交流、适当的授权和过程透明度机制。Howson[196]研究了区块链技术的应用,以增强信任在海洋保护和渔业供应链管理中的作用。另外,利益相关者是一个包括供应链运营商、参与者、政府和其他组织及其文化的全面概念。利益相关者的参与在 CSCM 开发中起着至关重要的作用。[197]

实施是区块链技术和 CSCM 集成的核心环节。为了确保区块链技术和 CSCM 的有效集成在复杂的循环供应链管理实践中发挥积极作用,所有类型的资源都被集中在实施环节。[198]区块链技术的新颖性和 CSCM 的复杂性使得将区块链技术导入 CSCM 变得耗时且费力。[199]CSCM 中的区块链实施也受到政府政策的影响。比如,我国政府宣布将区块链技术纳入新基础设施战略。[200]此外,与其他信息技术类似,区块链技术的实施不可避免地会遇到各种风险,CSCM 的复杂性使区块链技术的风险管理更加紧迫[201]。因此,实施被认为是区块链赋能 CSCM 集成的基本准则。根据文献回顾的结果,有三个成功因素对应于实施准则:成本控制、政府政策和风险管理。

6.2.4　准则和成功因素系统

根据图 6.3 的集成框架结构和文献综述的内容,本节列出了成功因素的准则系统,以供专家评估区块链技术赋能循环供应链网络管理的关键成功因素,如表 6.1 和表 6.2 所示。相应地,表 6.1 和表 6.2 还列出了准则和成功因素的编号和文献来源。

表 6.1　区块链技术赋能 CSCM 的准则系统

准则	一级编号	子准则	二级编号	准则参考来源
区块链技术	C1	技术就绪性	C11	Hastig 和 Sodhi(2020)[157];Treiblmaier 和 Beck (2018)[157]

(续表)

准则	一级编号	子准则	二级编号	准则参考来源
区块链技术	C1	能力	C12	Hastig 和 Sodhi（2020）[157]；Pan 等（2020）[177]
区块链技术和循环供应链网络的集成活动	C2	领导	C21	Hastig 和 Sodhi（2020）[157]；Pan 等（2020）[177]；Kouhizadeh 等（2021）[192]
		协作	C22	Hastig 和 Sodhi（2020）[157]；Pan 等（2020）[177]；Lumineau 等（2021）[202]；Saberi 等（2019）[203]
		实施	C23	Hastig 和 Sodhi（2020）[157]；Pan 等（2020）[177]；Lumineau 等（2021）[202]；Esmaeilian 等（2021）[204]
循环供应链网络活动	C3	供应链实践	C31	Hastig 和 Sodhi（2020）[157]；Kouhizadeh 等（2021）[192]；Saberi 等（2019）[203]
		循环管理	C32	Kouhizadeh 等（2021）[192]；Saberi 等（2019）[203]

具体而言，表6.1显示了区块链技术赋能CSCM的准则系统。其中，三个主要准则分别是"区块链技术（C1）""区块链技术和循环供应链网络的集成活动（C2）"和"循环供应链网络活动（C3）"。"区块链技术（C1）"主要涵盖技术方面的准则，即"技术就绪性（C11）"和"能力（C12）"。"区块链技术和循环供应链网络的集成活动（C2）"主要涵盖区块链技术与循环供应链的集成准则，即"领导力（C21）""协作（C22）"和"实施（C23）"。"循环供应链网络活动（C3）"主要涵盖循环供应链网络的具体实践准则，即"供应链实践（C31）"和"循环管理（C32）"。

表 6.2 区块链技术赋能 CSCM 的潜在成功因素系统

准则	二级编号	成功因素	三级编号	因素参考来源
技术就绪性	C11	技术成熟度	C111	Wang 等(2016)[173]
		数据安全	C111	Esposito 等(2018)[175]
		技术可行性	C112	Chod 等(2020)[160]
能力	C12	技术能力	C120	Morkunas 等(2019)[178]
		组织准备情况	C121	Uslay 和 Yeniyurt (2019)[179]; Clohessy 和 Acton (2019)[180]
		其他变革能力	C122	Esposito 等(2018)[175]; Pan 等(2020)[177]
领导	C21	公司内部领导	C211	Jeppsson 和 Olsson (2017)[175]; Chen 等(2021)[193]
		与利益相关者和供应链中的外部领导	C211	Jeppsson 和 Olsson (2017)[175]; Chen 等(2021)[193]
协作	C22	目标对齐	C221	Sheel 和 Nath (2019)[195]
		合作伙伴信任	C221	Howson (2020)[196]
		利益相关者的支持	C222	Rane 等(2020)[205]
实现	C23	成本控制	C232	De Angelis 等(2018)[199]
		政府政策	C231	Ølnes 等(2017)[200]
		风险管理	C232	Drljevic 等(2020)[201]
供应链实践	C31	信息采集	C311	Gaur 和 Gaiha(2020)[206]; Zhu 和 Kouhizadeh(2019)[181]
		运营模式	C312	Agrawal 等(2021)[182]
		知识培训	C313	Chang 等(2020)[207]
循环管理	C32	循环方法	C321	Ajwani-Ramchandani 等(2021)[208]; Kouhizadeh 等(2020)[152]
		信息披露	C322	Cui 和 Leonas(2020)[186]; Dutta 等(2020)[187]

表 6.2 显示了区块链技术赋能 CSCM 的潜在成功因素系统,其二级编号对应表 6.1 中准则系统的二级编号。

6.3 调查方法

本研究将 AHP-DEMATEL 组合方法作为分析技术。这种技术的优势在于可以以测量和评估的方式量化专家的主观判断。[209] AHP 和 DEMATEL 方法的集成应用可以弥补单一方法的不足。

作为一种成熟的多属性决策方法，AHP 方法已经被广大学者用于构建和评估供应链管理的许多成功因素。[210] 而且，AHP 方法所需要的相关指标由决策者或领域专家提出，可以有效地覆盖解决复杂问题的众多因素。[211] 然而，决策者在使用 AHP 方法直接"捕捉"成功因素时，可能会忽略成功因素之间的相互依赖性。DEMATEL 方法可以通过将潜在成功因素分类为因果集群来评估各因素之间的复杂相互关系。[212] 但是，单纯使用 DEMATEL 方法可能会导致研究对象的错误关系配置。[213]

为了有效地将众多因素纳入复杂问题的解决，决策者经常应用多准则决策模型（multi-criteria decision making，MCDM）。根据 Kumar 等[214]的定义，MCDM 旨在根据小组专家的评估寻找决策所需的潜在解决方案。AHP-DEMATEL 集成技术的应用也出现在与循环供应链相关的文献中[211]。因此，本研究基于 AHP 和 DEMATEL 方法，开发一个区块链技术赋能循环供应链管理的分析框架，用于描述技术融合的主要阶段，并评估赋能活动成功因素之间的相互关系。

6.3.1 AHP 方法

AHP 是一种多准则、多层次的决策模型，其实施过程需要决策者根据专业评估为拟研究项目设定若干权重。[212] 本研究采用 AHP 方法来评估确定所有潜在的成功因素。这些成功因素包括前面讨论的目标、战略因素、准则和子准则等。AHP 方法的实施遵循以下四个步骤。

步骤 1：构建层次结构。此步骤涉及制定 AHP 模型的适当层次结构,包括目标、战略因素、准则和子准则等。

步骤2:准备成对比较矩阵。为了制定研究对象系列准则的优先级权重,受邀请的领域专家被要求一次完成对两个项目的成对比较。

步骤3:收集数据。本研究采用了 Vieira 等[216]描述的基于 AHP 方法的数据收集程序。受邀请的领域专家根据表6.3所罗列的重要性比较定义,讨论本研究所提方案中项目的重要度,并根据成对比较的原则对项目进行投票。具体而言,调研参与者根据表6.3中的九分制量表来确定对某一问题的判断。比如,在比较项目 i 和 j 时,某位专家选择一个数值 A_{ij},其中 $i,j=1,2,\cdots,n$。当 $i=j$ 时,$A_{ij}=1$。如果 $A_{ij}=y$,那么 $A_{ij}=1/y$。

表 6.3　AHP 方法中评分的九分制量表

得分	比较定义
1	项目 i 和项目 j 同样重要
3	项目 i 比项目 j 重要得多
5	项目 i 比项目 j 重要得多
7	项目 i 比项目 j 重要得多
9	项目 i 绝对比项目 j 更重要
2,4,6,8	两个相邻判断之间的中间值

步骤4:计算因子的重要性权重。该步骤是通过计算专家评价意见的一致性比 CR($CR=CI/RI$),确保专家给出的成对评估的一致性。其中,$CI=(\lambda_{\max}-n)/n$,$\lambda_{\max}$ 是最大平均值,RI 表示随机一致性指数的值,具体取决于 n 的值。为了确保获得的结果一致,CR 值应小于 0.10。[217]

6.3.2　DEMATEL 方法

DEMATEL 方法可以用于探索一组已识别因素之间的因果依赖结构,即成对比较这些因素之间的直接和间接关系。[210]DEMATEL 方法是研究企业与企业之间互动关系的良好方法,它能够帮助管理者探索系统内部的因果关系,也有助于构建已识别因素(障碍)之间的因果关系,并确定每个因素(障碍)的重要程度。[218]

与 AHP 方法不同的是,DEMATEL 方法是一种量化建模技术。DEMATEL 方法借助因果图探索系统因素(障碍)之间的相互依赖性。该方法所生成的双连图和因果图呈现了对因果关系和障碍影响的规范理解。[219]

DEMATEL 方法的实施遵循以下五个步骤。

步骤 1:生成直接关系矩阵。首先,为了衡量准则之间的关系,我们将比较量表设计为五个级别:0(无影响)、1(非常低的影响)、2(低影响)、3(高影响)和 4(非常强的影响)。接下来,专家们根据准则之间的影响和方向对所给定的若干准则进行成对比较。具体而言,条目 a_{ij} 表示专家认为准则 i 影响准则 j 的程度。由此,作为专家评估的结果,若干个条目 a_{ij} 的数据可以构造成一个直连关系矩阵,记作 $A = n \times n$。对应地,$\overline{a_{ij}}$ 表示准则 j 对准则 i 的影响程度。

步骤 2:直连关系矩阵规范化。基于所得的直连关系矩阵 A,规范化直连关系矩阵 $N = K \cdot A$,其中 $K = \dfrac{1}{\max(\sum_{j=1}^{N} a_{ij})}$,$i, j = 1, 2, 3, \cdots, n-1, n$。

步骤 3:获取总关系矩阵。一旦获得规范化直连关系矩阵 N,则总关系矩阵 $T = N + N^2 + N^3 + \cdots = \sum_{i=1}^{\infty} N^i = N(1-N)^{-1}$。其中,$i$ 表示单位矩阵。

步骤 4:生成因果图。总关系矩阵表示为 $T = (t_{ij})_{n \times n}$。行与列的求和分别表示为向量 D 和 C,其中,$D = (\sum_{j=1}^{n} t_{ij})_{n \times 1} = (t_{i.})_{n \times 1}$,$C = (\sum_{i=1}^{n} t_{ij})_{n \times 1} = (t_{.j})_{n \times 1}$,$i, j = 1, 2, 3, \cdots, n-1, n$。随后,我们通过

将向量 D 和 C 合并,创建名为"突出"的横轴向量$(D+C)$。"突出"横轴向量是 DEMATEL 方法的通用命名规则,该向量揭示了某种准则的重要性[220]。类似地,命名为"关系"的垂直纵轴向量$(D-C)$是通过从 D 中减去 C 而创建的。通过"突出"横轴向量$(D+C)$和"关系"垂直纵轴向量$(D-C)$的设置,我们将需要评价的准则系列划分为不同的因果组。通常,当$(D-C)$为正时,该准则属于成因群。否则,如果$(D-C)$为负,则该准则属于效应组。因此,我们可以通过映射$(D+C,D-C)$的数据集来获得评价后的因果图,以便为后续的决策提供了参考。

步骤 5:绘制 DEMATEL 突出/效应图。这里所指的突出/效应图主要涉及映射高于阈值的关系。这一步骤是在二维横纵平面图上以图形方式表示计算出的突出值和效应值的每个因子。x 轴表示因子的突出值,y 轴表示因子的效应值。定向箭头用于"捕捉"准则(因素)之间的相互关系。为了阐明绘制突出/效应图的过程,我们定义了一个阈值,该阈值为因子之间的关系设置了临界点。在总关系矩阵中,那些大于阈值的突出值和效应值将用突出/效应图中的箭头描绘。阈值 θ 的计算公式为:$\theta=(mean(T)+SD_T)$[221]。在总关系矩阵中,所有 t_{ij} 的平均值为 $mean(T)$,所有 t_{ij} 的准则差为 SD_T。这里,如果 t_{ij} 大于 θ,则表示两个因子之间存在显著关系。在每个关系矩阵中,高于阈值的突出值和效应值则突出显示。

6.4 数据收集和分析

6.4.1 测量和数据收集

在构建区块链赋能 CSCM 的准则层次结构之后,下一阶段是测量和收集相应的数据。收集过程分为两部分:收集 AHP 方法获得的数据和收集 DEMATEL 方法获得的数据。两类数据的收集需要组建对应的区块链和 CSCM 专家团队。本研究中,我们邀请了 30 位专家,其中有 18 位专家接受了邀请,包括 9 位学者和 9 位实务人员。专家团队都是活跃在区块链和 CSCM 领域的学者和实务人员。学者为高校或科研机构的从业人员。学者的平均工作经验为 12.44 年,标准偏差为 7.41 年。实务人员主要为制造业和高科技行业的管理人员或技术专家。实务人员平均拥有 9.89 年的工作经验,标准偏差为 4.98 年。团队中的所有专家对区块链和 CSCM 都有可接受的知识水平。在正式填写问卷之前,我们对被访者的区块链和 CSCM 背景知识进行了再次培训,并介绍了本研究的研究背景。表 6.4 列出了专家团队的资料信息。

表 6.4 专家团队资料信息

项次	类别	部门	职称/职务	工作年限经验(年)
1	学者	金融科技学院	助理教授	2
2	学者	管理学院	助理教授	3
3	学者	工商管理学院	教授	20
4	学者	金融科技学院	副教授	14
5	学者	计算机科学学院	副教授	19
6	学者	商学院	副教授	15
7	学者	商学院	助理教授	2
8	学者	商学院	助理教授	20
9	学者	商学院	教授	17
10	实务人员	仓库	项目管理经理	4
11	实务人员	生产和规划	副总经理	15
12	实务人员	研究与开发	高级工程师	16
13	实务人员	产品开发	项目管理经理	8
14	实务人员	研究与开发	测试工程师	2
15	实务人员	研究与开发	研发经理	12
16	实务人员	营销	营销经理	5
17	实务人员	质量管理	质量经理	15
18	实务人员	采购	采购经理	12

如第 6.3 节所述,首先,每位专家都对 AHP 方法采集数据的准则和子准则进行了成对比较。这些成对比较数据被转换为相应的成对

比较判断矩阵(PCJMs)。[215]此外,我们要求专家评估每个准则或子准则对彼此的影响,以生成直接关系矩阵(DRM)。[211]其次,我们使用AHP方法开展对区块链赋能CSCM实施的成功因素分析。对成功因素的顺序梳理有助于促进区块链赋能CSCM的成功实施。最后,我们使用DEMATEL方法分析了区块链赋能CSCM成功因素之间的因果关系。

6.4.2 使用AHP应用程序确定成功因素的优先级

与Kumar等的研究[215]一致,在测量和数据收集阶段,我们对从18位专家那里获得的PCJMs在每个层次结构级别上使用几何平均值方法进行组合,其目的是形成相应的共识PCJMs。然后,我们将每个PCJMs矩阵转换为相应的特征值问题,并进行求解,以找到每个准则的归一化和唯一优先级权重,如表6.5~表6.7所示。在AHP研究中,一致性比率(CR)的经验准则值被设置为0.1[222]。表6.5~表6.7的结果表明,被访专家们在提供成对比较判断方面是一致的。

表6.5 区块链赋能CSCM实施的成对比较(一级准则)

项目	比值	局部权重
C1/C2	7/2	—
C1/C3	2	—
C1	—	0.569 3
C2/C1	2/7	—
C2/C3	8/7	—
C2	—	0.205 1
C3/C2	1/2	—
C3/C1	7/8	—
C3	—	0.225 6
CR	—	0.054 8

表 6.6　区块链赋能 CSCM 实施的成对比较（二级准则）

项目	比值	局部权重
C11/C12	5/4	—
C11	—	0.553 1
C12/C11	4/5	—
C12	—	0.446 9
CR	—	不适用
C21/C22	3	—
C21/C23	5/3	—
C21	—	0.524 5
C22/C21	1/3	—
C22/C23	1	—
C22	—	0.219 9
C23/C21	3/5	—
C23/C22	1	—
C23	—	0.255 6
CR	—	0.042 5
C31/C32	9/4	—
C31	—	0.687 8
C32/C31	4/9	—
C32	—	0.312 2
CR	—	不适用

表 6.7　区块链赋能 CSCM 实施的成对比较（成功因素）

项目	比值	局部权重
C111/C112	6/5	—
C112/C113	5/4	—
C113	—	0.380 9
C112/C111	5/6	—
C112/C113	6/7	—

（续表）

项目	比值	局部权重
C112	—	0.296 3
C113/C111	4/5	—
C113/C112	7/6	—
C113	—	0.322 8
CR	—	0.003 5
C121/C122	16/7	—
C121/C123	20/9	—
C121	—	0.524 3
C122/C121	4/9	—
C122/C123	17/9	—
C122	—	0.286 9
C123/C121	4/9	—
C123/C122	1/2	—
C123	—	0.188 8
CR	—	0.047 4
C211/C212	11/5	—
C211	—	—
C212/C211	1/2	—
C212	—	0.687 4
CR	—	不适用
C221/C222	5/3	—
C221/C223	7/5	—
C221	—	0.432 9
C222/C221	3/5	—
C222/C223	4/3	—
C222	—	0.301 8
C223/C221	5/7	—
C223/C222	—	—
C223	—	0.265 3

(续表)

项目	比值	局部权重
CR	—	0.024 0
C231/C232	3/5	—
C231/C233	5/6	—
C231	—	0.245 8
C232/C231	5/3	—
C232/C233	25/9	—
C232	—	0.518 6
C233/C231	6/5	—
C232/C232	1/3	—
C233	—	0.235 6
CR	—	0.051 5
C311/C312	6/7	—
C311/C313	7/8	—
C311	—	0.296 6
C312/C311	7/6	—
C312/C313	2	—
C312	—	0.430 6
C313/C311	8/7	—
C313/C312	1/2	—
C313	—	0.272 8
CR	—	0.048 3
C321/C322	13/8	—
C321	—	0.618 4
C322/C321	5/8	—
C322	—	0.381 6
CR	—	不适用

在计算得出区块链赋能 CSCM 实施成功因素的局部权重和全局权重后，我们按优先级降序重新排列成功因素，如表 6.8 所示。其中，

与技术相关的技术能力(全局权重为 0.133 4)、技术成熟度(全局权重为 0.119 9)和技术可行性(全局权重为 0.101 6)是最重要的三个成功因素。这三个因素的权重都超过 0.1,而其他因素的权重小于 0.1。这意味着影响区块链在 CSCM 中实施的主要因素是技术因素。具体而言,企业的技术能力是最关键的因素,专家普遍认为,提高技术能力是企业在 CSCM 中应用区块链技术的关键作用。此外,专家们对组织因素更为乐观。相反,利益相关者的支持(全局权重为 0.012 0)、风险管理(全局权重为 0.012 4)和成本控制(全局权重为 0.012 9)被列为最不重要的成功因素。这与区块链的成本优势和去中心化带来的安全性有关。

如前所述,包含所有成功因素、准则和子准则及其优先级权重的 AHP 方法可用于优先级或重要性排序。在接下来的第 6.4.3 节中,我们将使用 DEMATEL 方法进一步分析各种因素之间的因果关系。

表 6.8 区块链赋能 CSCM 实施的成功因素的复合优先级权重

准则	局部权重	子准则	局部权重	成功因素	局部权重	全局权重
C1	0.569 3	C11	0.553 1	C111	0.380 9	0.119 9
				C112	0.296 3	0.093 3
				C113	0.322 8	0.101 6
		C12	0.446 9	C121	0.524 3	0.133 4
				C122	0.286 9	0.073 0
				C123	0.188 8	0.048 0
C2	0.205 1	C21	0.524 5	C211	0.687 4	0.073 9
				C212	0.312 6	0.033 6
		C22	0.219 9	C221	0.432 9	0.019 5
				C222	0.301 8	0.013 6
				C223	0.265 3	0.012 0
		C23	0.255 6	C231	0.245 8	0.012 9
				C232	0.518 6	0.027 2
				C233	0.235 6	0.012 4

(续表)

准则	局部权重	子准则	局部权重	成功因素	局部权重	全局权重
C3	0.225 6	C31	0.687 8	C311	0.296 6	0.046 0
				C312	0.430 6	0.066 8
				C313	0.272 8	0.042 3
		C32	0.312 2	C321	0.618 4	0.043 6
				C322	0.381 6	0.026 9

6.4.3 使用 DEMATEL 方法评估因果相互作用

为了评估区块链技术赋能 CSCM 实施过程中的关键准则和成功因素之间的因果关系,我们按照第 6.3.2 小节中所述的步骤应用了 DEMATEL 方法。这种方法有助于仔细检查成功因素之间的因果关系,这些因素的因果关系如图 6.4 所示。

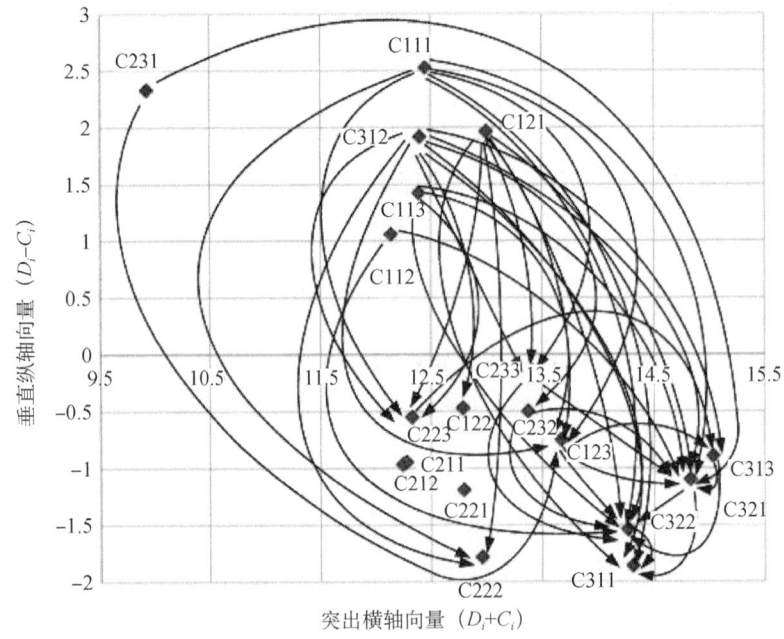

图 6.4 由 DEMATEL 方法生成的因果图

首先,我们通过取专家评分的平均值获得了成功因素的直接关系矩阵。其次,我们计算了相应的归一化直接关系矩阵和总关系矩阵。最后,我们计算了数据集(D_i+C_i,D_i-C_i),并根据6.3.2节中的步骤4创建了笛卡尔坐标系。如6.3.2节的步骤5所述,我们将$\theta=(mean(T)+SD_T)$作为阈值。具体而言,$\theta=0.339+0.067=0.406$。

在计算过程中,(D_i+C_i)值的大小表示因素系统层次结构中每个成功因素贡献的大小。具体而言,成功因素值越高,该因素对区块链赋能 CSCM 成功实施的贡献就越大。从表6.9中我们可以看到,知识培训(C313)是最关键的成功因素,因为它获得了最高的(D_i+C_i)值(15.033)。相比之下,成本控制(C231)被评估为影响最小的成功因素,因为它对应的(D_i+C_i)值最低(9.935)。

表6.9 成功因素的突出性和净效应值

成功因素	准则编号	D_i	C_j	D_i+C_j	D_i-C_j
技术成熟度	C111	7.486	4.959	12.446	2.527
数据安全	C112	6.598	5.539	12.136	1.059
技术可行性	C113	6.906	5.484	12.390	1.423
技术能力	C121	7.479	5.518	12.997	1.961
组织准备情况	C122	6.156	6.629	12.785	−0.472
其他变革能力	C123	6.461	7.210	13.671	−0.750
公司内部领导	C211	5.664	6.612	12.275	−0.948
与利益相关者和循环供应链管理者相关的外部领导	C212	5.638	6.603	12.241	−0.966
目标对齐	C221	5.799	6.993	12.793	−1.194
合作伙伴信任	C222	5.586	7.370	12.956	−1.784
利益相关者支持	C223	5.886	6.438	12.324	−0.551
成本控制	C231	6.132	3.804	9.935	2.328
政府政策	C232	6.436	6.937	13.373	−0.500
风险管理	C233	6.633	6.783	13.416	−0.151
信息采集	C311	6.224	8.085	14.309	−1.861

(续表)

成功因素	准则编号	D_i	C_j	D_i+C_j	D_i-C_j
运营模式	C312	7.158	5.241	12.399	1.917
知识培训	C313	7.069	7.964	15.033	−0.895
循环方法	C321	6.863	7.964	14.827	−1.101
信息披露	C322	6.362	7.902	14.265	−1.540

同样，我们也计算了成功因素的效应值（D_i-C_i）。成功因素的效应值越高，它对区块链赋能 CSCM 成功实施的影响就越大。如果按净效应值的大小排序，则成功因素对区块链赋能 CSCM 成功实施的影响如下：技术成熟度（C111）、成本控制（C231）、技术能力（C121）、运营模式（C312）、技术可行性（C113）和数据安全（C112）。这一结果可以为决策者制定长期策略提供参考。其中，具有负值的因子称为效应因子，包括风险管理（C233）、组织准备情况（C122）、政府政策（C232）、利益相关者支持（C223）、其他变革能力（C123）、知识培训（C313）、公司内部领导（C211）、利益相关者和 CSCM 的外部领导（C212）、循环方法（C321）、目标一致性（C221）、信息披露（C322）、合作伙伴信任（C222）以及信息采集（C311）。

综上所述，AHP 和 DEMATEL 分析方法的主要结果有效地识别了区块链赋能 CSCM 成功实施的关键成功因素。首先，AHP 方法的评估结果显示，与技术相关的成功因素（C111、C113 和 C121）以及知识培训（C313）被视为基本因素。其次，DEMATEL 分析方法得出的成功因素关系显示，与技术相关的成功因素（C111、C113 和 C121）在影响其他因素方面也起着关键作用。其中，技术成熟度（C111）作为因果因素起着最关键的作用，其次是技术能力（C121）和技术可行性（C113）。此外，数据安全（C112）也是与技术相关的重要因果因素。最后，基于 DEMATEL 分析方法进一步推导出的成功因素的关系，运营模型（C312）和成本控制（C231）是除技术相关因素外的主要因果因素。其中,运营模式体现了供应链信息分散程度、供应链运营过程的标准化和信息化程度,而成本控制则体现了区块链技术与 CSCM 融合实施过程的投入成本。

6.5 本章小结

6.5.1 理论意义

首先,我们发现并强调了技术和知识等相关因素在 CSCM 中实施区块链技术的关键作用。研究结果有力地支持了技术成熟度、技术可行性和技术能力是基本因素的观点。知识通常被认为是一个组织的战略资源,比资本和土地等传统资源更重要。此外,企业知识培训对于在 CSCM 中实施区块链技术至关重要。本章研究了区块链技术应用能力与知识管理能力之间的关系,强调了技术准备和知识培训的重要性。从偶然性理论的角度来看,本章概述了在 CSCM 中实施区块链技术的成功因素之间的关系。根据"技术—组织—环境"模型理论,技术因素是影响企业采用新技术的三个主要因素之一。我们分析发现,企业的技术成熟度、技术可行性和技术能力对其他因素的影响至关重要。此外,技术因素包括区块链技术面临的基本挑战,如安全性、可访问性和不成熟性。我们的研究结果表明,技术因素并不是唯一的重要性因素。

其次,从循环供应链管理的角度来看,我们的研究结果表明,技术成熟可以促进整合。此外,区块链技术在循环供应链管理活动还可以促进信息捕获和信息披露。这一发现与先前的研究表明,区块链技术在 CSCM 中架起了信任、可追溯性和透明度的桥梁。目前的研究与以前的文献一致强调,公司过于关注实施阶段,而对区块链项目实施前的知识培训关注太少。本研究进一步阐明了技术成熟度、集成因素和循环供应链水平之间的关系。

最后,我们的研究结果表明,循环供应链管理与新技术的集成可以促进区块链技术的成功实施。具体而言,循环供应链的运营模式是实施区块链项目需要考虑的主要因素。运营模式体现了供应链信息分散的程度和供应链运营过程的标准化、信息化程度。区块链项目的实施除了可以促进供应链运营中的信息管理,还能促进区块链技术的完善。与以往研究相比,本研究进一步明确了区块链技术在循环供应链管理实践中的促进机制。

6.5.2 管理贡献

本研究结果显示,企业中的 CSCM 经理(或首席执行官)需要更深入地了解他们在供应链中应用区块链技术的计划。因为当前区块链技术还不够成熟,并且缺乏现有的技术基础设施,区块链平台的性能和可扩展性是区块链技术在供应链中应用的关键。我们的研究为企业高层提供了思考区块链赋能 CSCM 的完整框架和证据。从供应链上下游成员的角度来看,区块链是一项非常复杂的技术,许多管理人员无法了解和掌握这项技术,这就使得整个供应链难以一致性地采用该技术。此外,缺乏训练有素的区块链技术人力资源是区块链赋能 CSCM 的另一个挑战。因此,我们鼓励企业高层强调知识培训在项目中的作用。

企业中的环境、健康和安全(EHS)管理经理通常负责在循环供应链管理中执行战略决策。本研究结果可以指导企业 EHS 管理经理和供应链经理如何在区块链赋能 CSCM 项目中进行协作。我们的研究结果表明,区块链赋能 CSCM 还需要额外关注成本控制,特别是循环方法的选择。成熟的技术可以丰富 EHS 管理经理的管理工具,以提高整个供应链循环管理的绩效。

7 "IE³绿色屋"系统集成研究：决策支持系统概念设计问题

7.1 问题背景

本章主要研究"IE³绿色屋"理论体系中操作层、战术层和战略层三个层次网络问题的系统集成，以期解决企业如何借助决策支持系统开展不同层次绿色可持续运营管理的信息化方案设计问题。

随着计算机和互联网技术的发展与普及，能够有效解决决策过程信息化、可视化的决策支持系统日益成为现代运营管理的研究热点。[87]相比于传统管理信息系统的数据处理，决策支持系统是综合了数据库、模型库、知识库等技术的更高层级的系统。决策支持系统可以有效调用各种与决策问题相关的信息资源和分析工具，决策支持系统的出现为决策者提供了一个分析问题、建立模型、展示方案的人机交互综合平台。[223]

本研究通过开展决策支持系统的概念设计将三个层次的网络优化设计与分析问题进行有机整合，通过对决策支持系统的架构进行讨论进一步明确了决策支持系统的应用场景和主要功能，为企业开展面向绿色可持续运营的多层次网络决策支持系统设计提供了参考。

7.2 研究目标

决策支持系统的设计与开发涉及需求分析、系统概念设计、编码设计、应用集成和系统运行测试等诸多环节。[224]本书第三、第四、第五章对面向可持续运营管理中的多层次网络优化设计与分析问题进行了详细讨论,为决策支持系统的需求分析奠定了基础。本章的研究目标是开展多层次网络优化设计与分析决策支持系统的概念设计,以支持决策支持系统的后续开发。在此过程中,本研究以决策支持系统设计为核心,梳理了多层次网络优化设计与分析的内外部数据、模型和流程,形成了决策支持系统的架构,明确了系统功能和应用场景。

概念设计不仅在辅助决策支持系统的细节设计方面作用显著,而且在识别决策支持系统的基本特征方面发挥着重要作用。[225]在早期的系统开发过程中,"概念设计"这一独立阶段并不存在,通常情况下,设计人员在进行需求分析后,通过代码编程直接把系统所需要的数据、信息和知识转化为系统可以处理的逻辑模型。但是由需求分析到逻辑处理的切换容易使开发人员关注过多的细节,从而忽视决策支持系统的信息组织架构和处理模型,而且已固化的系统流程也很难及时应对外部环境的变化。作为设计过程的一个新阶段,系统概念设计可以清晰地展示系统产品的功能、结构和形式。这一设计过程主要包括流程设计、架构设计、功能梳理、应用场景分析和用户交互界面设计等。[226]同时,概念设计也隐含着管理者对如何用产品、服务和流程来满足决策需求的理解。

本章从决策支持系统的使用角度出发,整理了不同层次问题的数据处理需求与决策实施过程,构建了反映决策要求的系统架构,揭示了决策过程中不同实体之间的相互关联与信息传递方式。

7.3 研究方法与步骤

本章以决策支持系统的概念设计为目标,考虑多层次网络优化设计与分析的决策需求,设计了一套决策支持系统概念模型,用于指导后续的代码开发和系统测试。

将绿色可持续运营管理中涉及的多层次网络优化设计与分析的决策要素进行有机整合是一项系统工程,同时,如何在这个系统中兼顾绿色可持续运营管理的约束也是一大挑战。本章尝试结合两种不同的视角,以应对上述挑战:①从已有文献的相关研究结果中归纳得出新理论;②从决策支持系统概念设计的技术发展趋势中总结得出新方法。第一部分工作在第 2.1.6 节的文献回顾中有部分体现。决策支持系统概念设计的最新方法与步骤主要包括:功能概念化、架构概念化和应用场景界面概念化。[126]

7.3.1 决策支持系统功能概念化

功能概念化旨在生成关于决策支持系统的构建方式,从而最大限度地降低决策支持系统设计出错的可能性。[227]在本研究中,功能概念化主要是指基于操作层面、战术层面和战略层面不同问题预期功能的总结。统一建模语言(unified modeling language,UML)技术被用以分析各类系统使用场景的概念化映射。

关于本研究的第一个视角,文献综述 2.1.6 节中确定的研究成果可以被加以分析利用。文献分析是开发一个决策支持系统所需要的必要理论基础。另外,文献分析有助于为企业提供识别系统应用场景的相关案例。关于本研究的第二个视角,我们将三个层次网络研究问题的建模决策过程与企业运营管理的实际相结合,进一步发掘了决策支持系统的潜在使用场景。实际上,系统使用场景不仅包括多层次的网络优化设计与分析,还涉及与核心决策问题相关的模型信息、基础数据、外部输入等业务。通过细化分析,研究人员可以收集系统的需求、获得系统的外部视图、识别影响系统性能的外部和内部因素,从而实现系统和相关人员之间的交互。

综合上述两方面的分析内容,本研究所需开发的决策支持系统包含以下几个方面的功能。一是人机交互功能。该功能主要刻画系统用户与系统之间各类请求与应答的动态过程,从而解决了用户如何通过系统来控制和执行决策的问题,并展示了系统通过从用户端获取相关信息进而表达用户所需决策方案的能力。二是信息展示功能。本章所研究的决策支持系统能按照系统操作权限提供不同用户有关核心决策问题的各类数据,并展示数据的动态化、静态化、图形化,从而帮助各类管理人员及时掌握不同层次网络的运营管理状态。三是核心决策功能。该功能主要服务于多层次网络优化设计与分析的决策实施过程,提供闭环供应链网络优化设计、产业共生网络优化设计、绿色创新合作网络分析等不同模块在决策支持系统中的有效设置。四是系统维护功能。该功能主要是对系统在实际运行过程中可能发生的故障和错误进行修改与维护。

功能概念化阶段的重点是确定决策执行的正确流程和所需资源。例如,在闭环供应链网络设计这一决策过程中,企业管理人员需要确定网络的基本结构以及相应的建模方法,然后基于建模方法开展决策流程的识别、决策实施的执行以及决策方案的评估。与此同时,三个层次网络优化设计与分析过程还与外部存在着协同与合作,即通过内外部信息的收集与整合,决策支持系统可确保三个层次网络优化设计与分析的决策完整性。

7.3.2 决策支持系统架构概念化

决策支持系统通常包括三层架构:数据层、应用层和用户层。[228]这些层之间可以通过互联网或移动通信网络与外界进行通信。通信方式的选择取决于通信类型和决策支持系统所需的隐私级别。

决策支持系统的数据层包括内部应用数据库(如核心决策问题对应的模型参数管理、产品数据管理等)、外部数据库以及与外部数据库的连接或接口(如地理信息数据库、原材料市场数据库、专利数据库、出版物数据库等)。决策支持系统的应用层包括实现网络优化设计与分析各类决策目标所需的系统应用程序/功能。决策支持系统的用户层由浏览器、客户端和图形用户界面组成。应用层的主要功能包括用户登录、数据输入、报告创建等。

7.3.3 决策支持系统应用场景概念化

本研究所设计的决策支持系统是为了协助不同角色的管理人员开展面向绿色可持续运营管理的多层次网络优化设计与分析决策。因此,在设计决策支持系统的过程中,我们该尽可能地考虑系统将要面临的不同应用场景,将相关决策信息通过系统界面展现在终端用户面前,从而起到信息提示、辅助执行和结果展示的作用。应用场景概念化是功能概念化和架构概念的拓展和延伸。

7.4 系统概念设计

7.4.1 功能概念化设计

本研究所构建的决策支持系统的系统功能受到了文献[88]和文献[126]的启发。在功能概念化设计的过程中,本书提出了基于不同层次的网络优化设计与分析的系统功能概念,如系统登录、数据查询、核心决策执行、系统维护等。

为了简洁起见,我们这里仅针对系统登录功能和核心决策模块进行功能概念化。如图 7.1 所示,系统登录与信息查询场景 UML 示意图展示了企业用户在系统登录过程中的数据参数访问需求与响应,而核心决策执行场景 UML 示意图(图 7.2)则展示了企业用户在决策执行过程中的模型设置、求解执行与结果分析等数据访问需求与响应。一旦完成系统功能的识别,核心决策的流程及其资源需求就被再次梳理。图 7.3 显示了以绿色技术创新合作网络分析技术为基础的企业技术合作决策流程,通过定量与定性两种方法,绿色技术创新节点识别等决策流程得到确认。

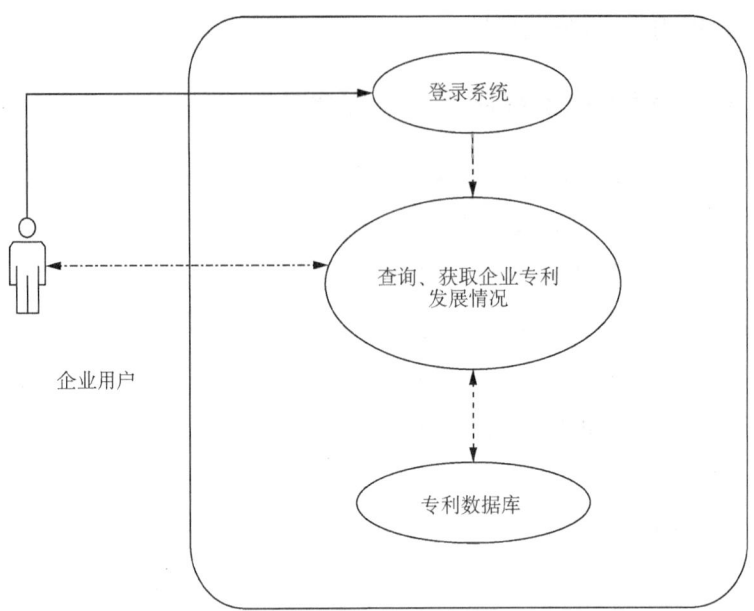

图 7.1　系统登录查询场景 UML 示意图

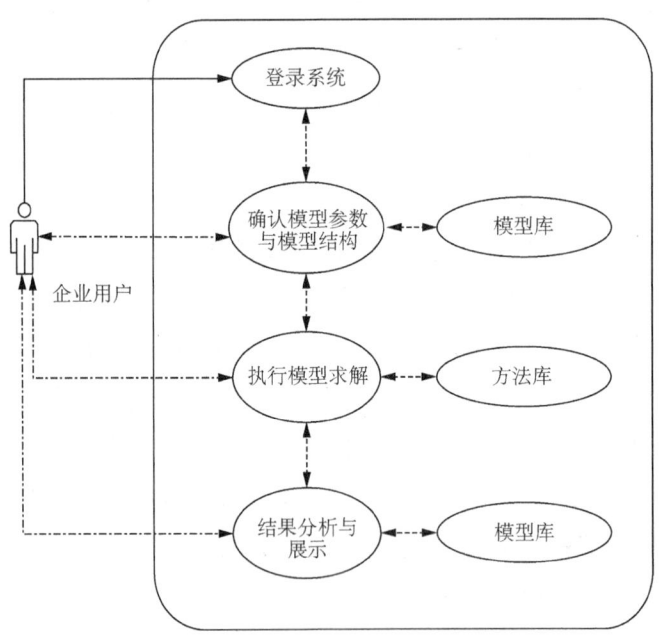

图 7.2　核心决策执行场景 UML 示意图

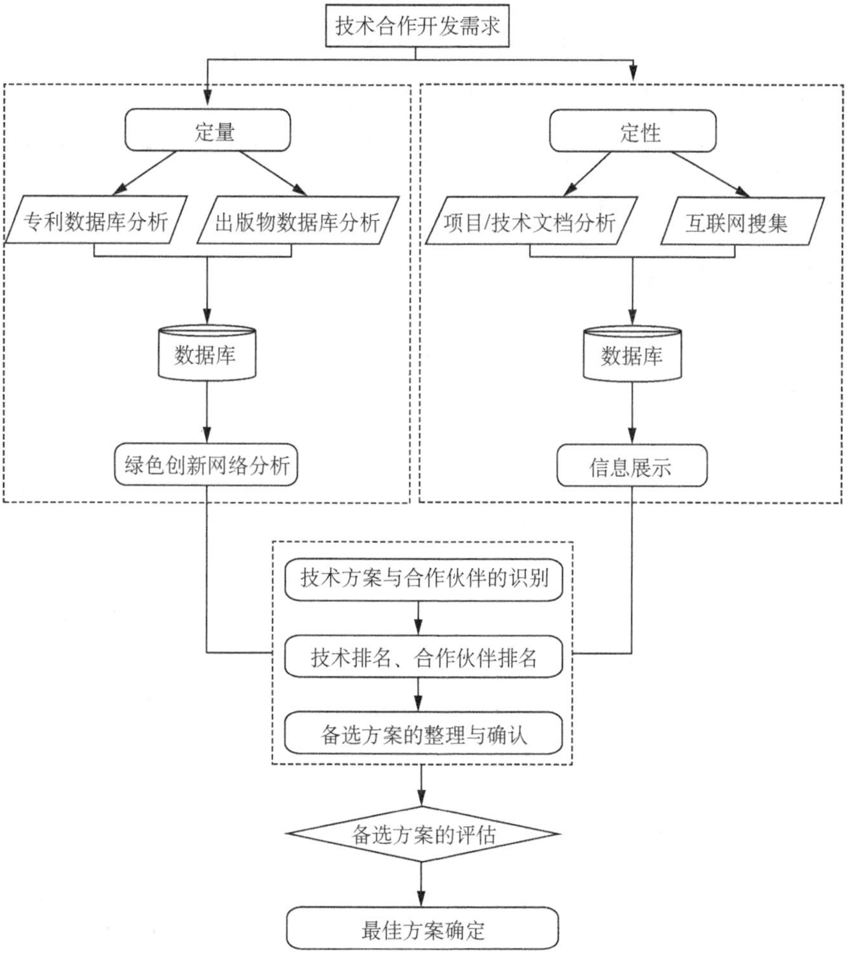

图 7.3 企业技术合作决策流程图

1. 定量方法

企业在寻求技术创新合作伙伴的过程中,定量分析是主要的决策方法之一。专利数据库、出版物数据等信息被认为是技术知识化表达的主要成果载体。[137,144] 绿色技术创新合作网络的查询分析功能可以帮助企业搜集专利、出版物等涉及目标技术的数据,从而得出潜在技术方案/合作伙伴的相关信息。

2. 定性方法

在实际情况下,企业可能因定量方法所依据的数据不足等原因而暂时无法获得有效的技术合作伙伴信息。此时,企业也可以通过内部的技术与商务文档(技术协议文件、产品技术文件等)和外部互联网等手段定性得出相关信息。

7.4.2 架构概念化设计

根据系统功能概念化设计的分析结果,结合三层次核心决策的需要,我们将决策支持系统的功能和模块组织在一个系统架构中,如图7.4所示。

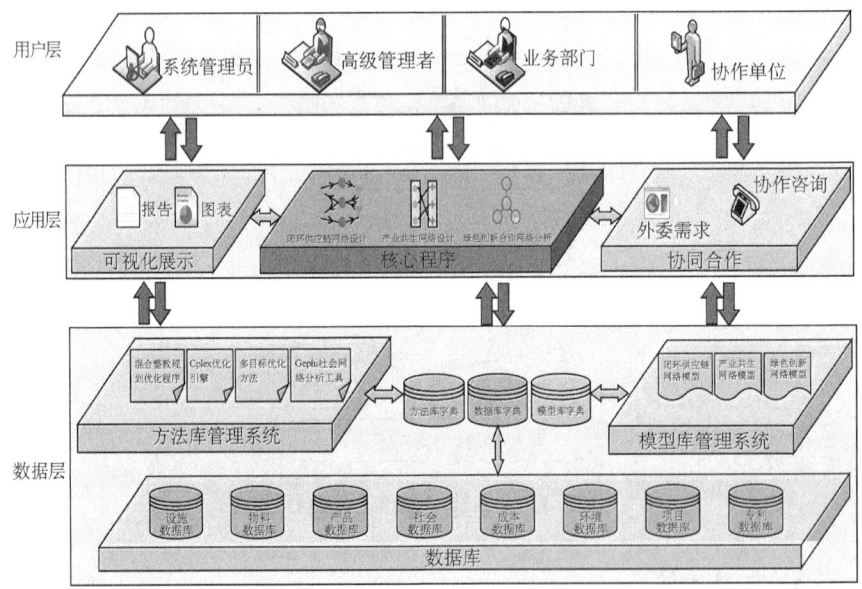

图 7.4 决策支持系统架构图

在图7.4中,顶层(用户层)提供了系统管理员、高级管理者、业务部门、协作单位等不同决策支持系统用户的系统登录功能,决策支持系统可根据用户角色的差异设定有区别的功能访问权限与数据读写机制;中层(应用层)提供了可视化展示、核心程序、协同合作等决策支持系统需要的基本功能;底层(数据层)提供了系统应该连接的方法管理系统、模型管理系统和各类数据库,以满足系统方法库、模型库和其他数据的访问需求。

7.4.3 多场景界面设计

根据决策支持系统功能概念化和架构概念化的分析结果,我们明确了系统的相关功能和架构。本节主要模拟系统登录、信息查询与展示、多层次网络分析与决策的核心过程、协同合作等应用场景,并设计相应的模块显示界面。

1. 系统登录模块

系统登录是决策支持系统的重要组成部分,是系统对各类用户权限管理的基础。系统登录功能需要用户输入满足登录条件的用户名与密码等信息(图 7.5)。另外,在系统登录模块内我们还需要根据用户权限设定对应的功能子模块,从而提供不同的功能引导。

图 7.5 决策支持系统的登录主界面

2. 信息查询与展示模块

当用户登录决策支持系统后,具有信息查询权限的用户可以进入系统进行相关信息的查询工作(图 7.6)。例如,公司高级管理者可以

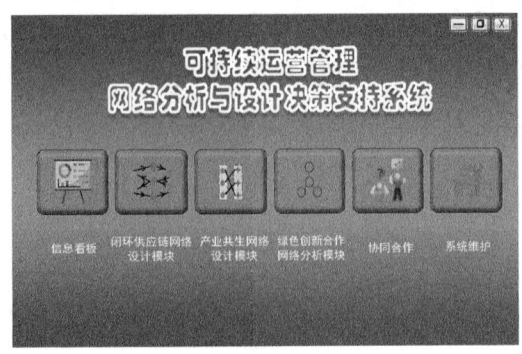

图 7.6　登录决策支持系统后的二级界面

通过系统查询公司月度运营概述、闭环供应链网络信息、绿色创新合作网络信息、产业共生网络信息、协同需求信息等专题信息。其中，不同的信息子模块对应不同的信息内容。图 7.7 是信息查询与展示模块界面，公司高管、业务主管等管理者可以通过此界面查询公司专利申请与授权的信息、专利合作网络结构、主要合作伙伴等详细信息。

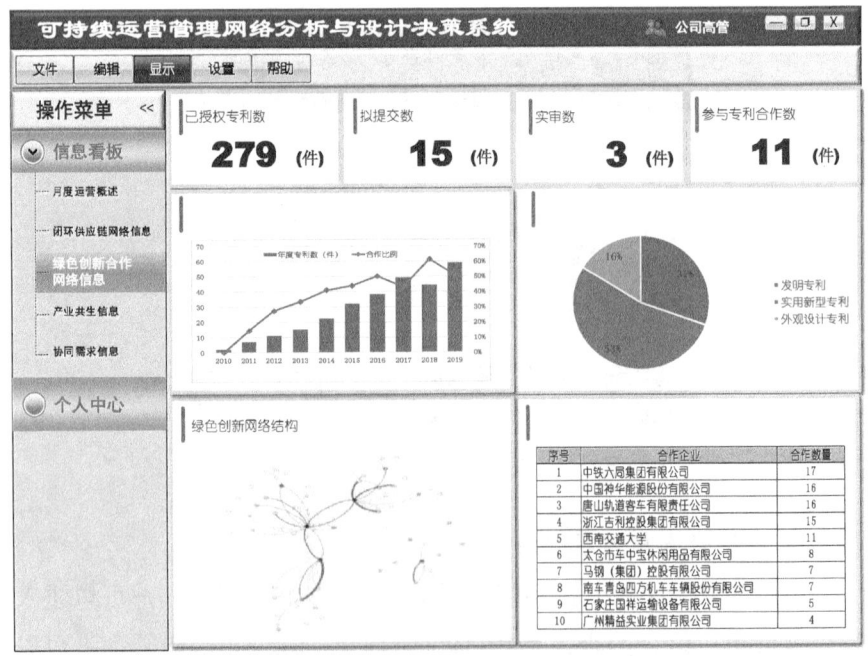

图 7.7　决策支持系统信息查询与展示模块界面

3. 闭环供应链网络设计功能模块

该功能模块主要整合了第三章讨论的产品正向运输与逆向退货的闭环供应链网络设计的相关决策过程。这一模块主要包括模型设置与维护、参数设置与维护、设施布局设置与维护、设施网络设计执行等二级模块。其中，前三个模块主要围绕决策模型及其相关的信息进行设置与维护，第四个模块主要负责模型的具体执行，包括问题规模设定、地理空间信息显示、结果分析展示等（图 7.8）。用户在输入闭环供应链网络设计决策所需要的问题规模后，点击"执行"按钮，系统即可得出相关的结果。结果分析的相关设置可参考 3.4 节内容。

图 7.8 决策支持系统中关于闭环供应链网络信息的显示界面

4. 产业共生网络设计功能模块

该功能模块主要整合了第四章讨论的副产品再处理与交换的产业共生网络设计的相关决策过程。这一模块主要包括模型设置与维护、参数设置与维护、再利用物料设置与维护、网络设计执行等二级模块(图 7.9)。其中,前三个模块主要围绕这一决策模型及其相关的信息进行设置与维护,第四个模块主要负责模型的具体执行,包括问题规模设定、地理空间信息显示、结果分析等。其结果分析相关设置可参考 4.4 节内容。

图 7.9　决策支持系统中关于产业共生网络信息的显示界面

5. 绿色创新合作网络分析功能模块

该功能模块主要整合了第五章讨论的绿色创新合作网络分析的相关决策过程。这一模块主要包括 IPC 清单设置与维护、专利数据爬取、分析执行等模块(图 7.10)。其中,前两个模块主要围绕绿色创新合作网络分析决策模型进行数据和信息获取、设置与维护,第三个模块主要负责决策过程的具体执行,包括分析过程、结果分析等。其结果分析的相关设置可参考 7.4 节内容。

7 "IE³绿色屋"系统集成研究:决策支持系统概念设计问题

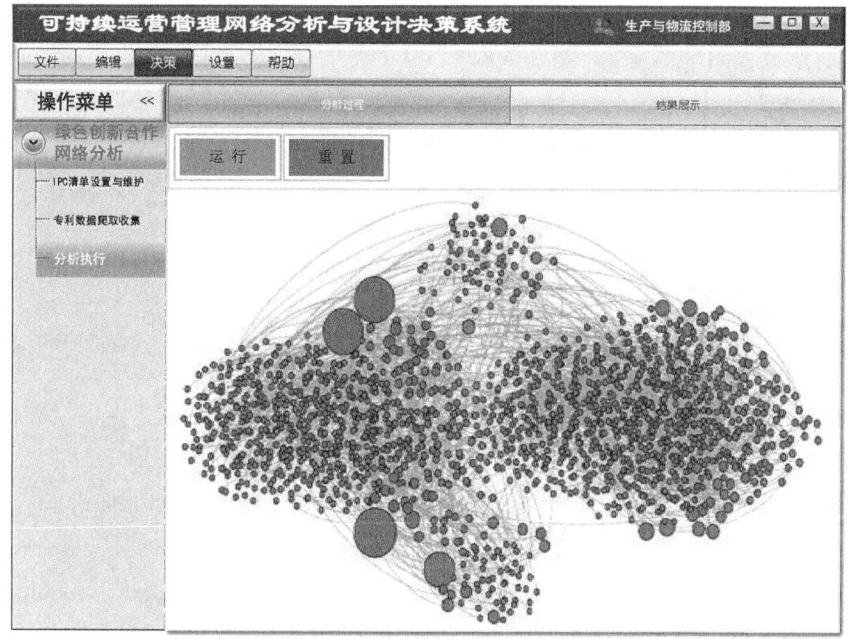

图 7.10 决策支持系统中关于绿色创新合作网络信息的显示界面

6. 协同合作功能模块

该功能模块主要整合了三层次网络优化设计与分析相关决策过程的协同合作资源信息(图 7.11)。前文讨论的三个决策分析问题都有与外部市场环境协同合作的部分。比如,第二层次的产业共生网络设计决策需要外部了解企业内部的可再利用资源信息,包括资源类型、单位、需求时间等,以便实施物料资源的交换决策。研究人员在对决策支持系统进行子模块设计的过程中,可以考虑给相关企业提供这类信息的发布上传渠道。同时,决策支持系统也可为经过企业认可的特定同盟单位或个人提供一定权限的系统登录功能,从而方便企业进行相关业务对接、完善协同决策的执行。

7. 系统维护功能模块

系统维护功能主要为决策支持系统的系统管理员提供维护决策支持系统服务。具体而言,该功能可以方便管理人员开展用户登录权

图 7.11 决策支持系统中关于协同合作的显示界面

限、数据库数据信息维护等工作。

7.5　本章小结

  本章通过开展决策支持系统概念设计研究,阐述了服务于企业绿色可持续运营管理的多层次网络优化设计与分析决策支持系统的概念设计问题,明确了系统功能和系统架构,为决策支持系统的落地搭建奠定了基础。本章主要完成了如下的研究工作:①根据"IE^3绿色屋"理论框架总结了闭环供应链网络设计、产业共生网络设计和绿色创新合作网络分析的问题场景,明确了决策支持系统概念设计的研究目标和预期产出;②确立了功能概念化、架构概念化和应用场景概念化的研究步骤;③细化了功能概念化设计、架构概念化设计和多应用场景界面设计的内容。

8 结论与展望

8.1 研究内容与贡献总结

绿色可持续运营管理是现代企业发展水平的综合体现,是提高企业核心竞争力的有效手段。各种类型的网络贯穿企业运营管理的方方面面。本书以企业绿色可持续运营管理为背景,以运营管理过程中的网络优化设计与分析为主线,从理论框架建立、模型设计优化、网络特征分析和决策系统开发等方面开展了系列研究。

(1) 本书通过开展相关领域的国内外文献调研,归纳了国内外研究发展趋势与不足。在此基础上,本书提出了面向绿色可持续运营管理的网络优化设计与分析理论框架——"IE^3 绿色屋"。该理论框架包含理论基础、研究视角和研究层次三个部分,重点阐述了与研究内容密切相关的重要概念、关键方法、研究视角和研究层次,从而为具体网络问题研究的有效展开提供了支持。"IE^3 绿色屋"理论框架的提出也进一步丰富了绿色可持续运营管理的理论内涵。

(2) 本书以闭环供应链网络为例,构建了不确定性环境下兼顾成本和环境双目标的闭环供应链网络优化模型。该模型考虑了多产品、多周期、CO_2 排放等级等因素,将正向/逆向物流的不确定波动纳入双目标优化权衡过程,并设计了拉尔朗日松弛算法对相关问题进行求解。实验结果表明:本书所提出的双目标优化模型和拉格朗日松弛算法能够有效地解决闭环供应链网络优化设计问题;权重系数值的变化并不会一直导致两个目标函数值的变化;双目标优化过程中权重系数的变化对成本目标值的影响大于对环境目标的影响;运输过程中 CO_2 排放量造成的环境影响总大于固定设施 CO_2 排放量对环境的影响;设施产能容量和产品正向/逆向需求的波动都会导致成本和 CO_2 排放量的显著变化。该研究为企业设计不确定环境下的多目标闭环供应链网络提供了参考。

(3) 本书以产业共生网络中的副产品再处理与交换为核心活动,设置了经济、环境和社会三个优化目标,构建了包含副产品再处理地点决策、副产品处理量决策和再处理技术等级决策在内的多目标产业共生网络优化模型,并提出了 Epsilon 约束方法。实验结果表明:本书所提出的三目标优化模型和 Epsilon 约束方法能够有效地解决产业共生网络优化设计问题;基于副产品再处理与交换的产业共生网络优化可以明显提高关联企业间的资源综合利用水平;副产品再处理的多技术等级决策能显著扩展管理者的决策空间;原材料价格和副产品处理成本的变化对产业共同网络的经济目标影响最大。这些研究结果为企业之间构建联动的多目标产业共生网络提供了参考。

(4) 本书以绿色创新合作网络为例开发设计了专利数据爬虫程序,并对我国国家知识产权系统中已授权的交通领域合作类绿色专利进行搜集。通过识别专利数据中企业、高校、科研机构和个人等实体及实体之间的合作关系,本书构建了绿色创新合作网络。社会网络分析方法被用于绿色创新合作网络中网络结构、关键节点和合作类型的分析研究。研究结果发现:我国绿色交通的合作创新在不断加强;企业是绿色创新的主要贡献实体和主要领导实体;企业之间的绿色创新合作最为频繁;国家电网是绿色交通技术创新合作网络的重要节点。这些研究结果为企业参与绿色创新合作、提升绿色创新绩效提供了参考。

(5) 在"IE^3 绿色屋"技术融合研究方面,本书旨在开发一个框架,以描述区块链赋能循环供应链网络实施的主要阶段,并评估区块链赋能循环供应链网络实施的关键成功因素。此外,本书采用了层次分析法(AHP)和决策试验与评估相结合的方法,通过学术和专业专家的评估,探索了关键成功因素的优先级和相互关系。这些研究结果为确定技术融合的关键成功因素提供了可能的途径。

(6) 本书以"IE³ 绿色屋"操作层、战术层和战略层的网络优化设计与分析为依据,识别了三个层次研究的关键要素和流程,开展了面向绿色可持续运营管理决策支持系统的概念设计,阐述了决策支持系统的基本功能和系统架构。同时,本书基于系统登录、信息查询、优化设计、网络分析等多应用场景介绍了决策支持系统的主要功能和可视化界面,运用信息化设计手段集成了绿色可持续运营管理中多层次网络研究的方法与工具,为企业开发面向绿色可持续运营管理的多层次网络决策支持系统提供了信息集成参考。

8.2 后续研究展望

本书系统研究了企业在实施绿色可持续运营管理过程中的若干网络优化设计与分析问题,并通过决策支持系统的概念设计对其进行了信息化集成。

限于水平和能力,我们的研究还存在诸多不足,如下问题值得进一步探讨。

1. 横向扩展:各层次网络的风险管理

企业面临的内外部环境复杂多变,如国际供应链断链、重大公共卫生事件、自然灾害事故等风险因素都会极大冲击企业的绿色可持续运营管理。如何识别、评估企业面临的各类风险,以及如何将风险管理融入具体数学优化模型和网络分析研究? 这些风险管理问题值得在后续的研究中加以探讨,以提升理论研究在实践层面的应用性。

2. 纵向扩展:各层次网络的耦合管理

本书所探讨的绿色可持续运营管理的三层次网络优化设计还仅停留在单层逐一分析阶段,尚未对操作层与战术层、战术层与战略层以及三网集成等网络耦合问题进行探讨分析。实践中,层与层之间网络的运作并非孤立,而是彼此关联的。网络耦合方向的后续研究可以进一步丰富"IE³ 绿色屋"理论框架的内涵与实践指导意义。

3. 技术模式扩展:各层次网络的技术更新

随着 5G 通信、人工智能、无人机和智能穿戴等新一代技术的发展成熟,制造业等传统行业不断转型升级。同时,传统行业的绿色可持续运营管理也在发生深刻的变化。如何在后续的研究中融入这些新技术和新模式,值得我们认真思考与探讨。

4. 平台系统扩展:决策支持系统的落地应用

本书完成了三层次网络问题决策支持系统的概念设计,后续还需推进决策支持系统的详细设计,开展代码开发与系统测试,以有效服务企业的绿色可持续运营管理。另外,现有决策支持系统仅支持结构化数据的处理,若要实现决策支持系统对文本、图像等非结构化数据的处理,则需进行进一步的深入研究。

参 考 文 献

［1］李联，朱怡安，任佩琪. 工业和信息化行业门类分类方法研究［J］. 统计与决策，2018,34(14)16-19.

［2］PORTER M E, KRAMER M R. The link between competitive advantage and corporate social responsibility［J］. Harvard Business Review, 2006, 84(12)：78-92.

［3］张钢，张小军. 企业绿色创新战略的驱动因素：多案例比较研究［J］. 浙江大学学报（人文社会科学版），2014，44(1)：113-124.

［4］HUANG Z, LIAO G, LI Z. Loaning scale and government subsidy for promoting green innovation［J］. Technological Forecasting and Social Change, 2019, 144：148-156.

［5］张晓玲. 可持续发展理论：概念演变，维度与展望［J］. 中国科学院院刊，2018，33(1)：10-19.

［6］WU Z, PAGELL M. Balancing priorities：Decision-making in sustainable supply chain management［J］. Journal of Operations Management, 2011, 29(6)：577-590.

［7］GIMENEZ C, SIERRA V, RODON J. Sustainable operations：Their impact on the triple bottom line［J］. International Journal of Production Economics, 2012, 140(1)：149-159.

［8］DRAKE D F, SPINLER S. OM forum-sustainable operations management：an enduring stream or a passing fancy?［J］. Manufacturing & Service Operations Management, 2013, 15

(4):689-700.

[9] KAZEMI N, MODAK N M, GOVINDAN K. A review of reverse logistics and closed loop supply chain management studies published in IJPR: a bibliometric and content analysis [J]. International Journal of Production Research, 2019, 57(15-16):4937-4960.

[10] 石涌江,卢超,侯宏,等. 连接商业生态与自然生态,实现中国制造业高质量增长[J]. 清华管理评论, 2018,(11):100-106.

[11] 刘海燕,李琳,李雪蓉.《系统工程理论与实践》1981—2015 年文献计量分析[J]. 系统工程理论与实践, 2017, 37(3):805-816.

[12] WALKER H, SEURING S, SARKIS J, et al. Sustainable operations management: recent trends and future directions [J]. International Journal of Operations & Production Management, 2014, 34(5):1-2.

[13] JABBOUR S D L B A, CHIAPPETTA JABBOUR C J, SARKIS J, et al. Decarbonisation of operations management-looking back, moving forward: a review and implications for the production research community [J]. International Journal of Production Research, 2019, 57(15-16):4743-4765.

[14] KLEINDORFER P R, SINGHAL K, WASSENHOVE L N. Sustainable operations management [J]. Production and Operations Management, 2005, 14(4):482-492.

[15] SAUER P C, SEURING S. Extending the reach of multi-tier sustainable supply chain management-insights from mineral supply chains [J]. International Journal of Production Economics, 2019, 217:31-43.

[16] SANDERS N R, BOONE T, GANESHAN R, et al. Sustainable supply chains in the age of AI and digitization: research

challenges and opportunities[J]. Journal of Business Logistics, 2019, 40(3): 229-240.

[17] TATE W L, BALS L. Achieving shared triple bottom line (TBL) value creation: toward a social resource-based view (SRBV) of the firm[J]. Journal of Business Ethics, 2018, 152(3): 803-826.

[18] DUBEY R, GUNASEKARAN A, ALI S S. Exploring the relationship between leadership, operational practices, institutional pressures and environmental performance: a framework for green supply chain[J]. International Journal of Production Economics, 2015, 160: 120-132.

[19] HUSSAIN M, KHAN M, AL-AOMAR R. A framework for supply chain sustainability in service industry with Confirmatory Factor Analysis [J]. Renewable and Sustainable Energy Reviews, 2016, 55: 1301-1312.

[20] JABBOUR S D L B A, JABBOUR C J C, GODINHO FILHO M, et al. Industry 4.0 and the circular economy: a proposed research agenda and original roadmap for sustainable operations [J]. Annals of Operations Research, 2018, 270(1-2): 273-286.

[21] CAMUFFO A, STEFANO D F, PAOLINO C. Safety reloaded: lean operations and high involvement work practices for sustainable workplaces[J]. Journal of Business Ethics, 2017, 143(2): 245-259.

[22] ZHU W, HE Y. Green product design in supply chains under competition[J]. European Journal of Operational Research, 2017, 258(1): 165-180.

[23] MOHAMMED F, SELIM S Z, HASSAN A, et al. Multi-period planning of closed-loop supply chain with carbon policies under uncertainty[J]. Transportation Research Part D: Transport and

Environment, 2017, 51: 146-172.

[24] 杜志平, 刘永胜. 两业联动型供应链可持续运营策略分析[J]. 中国流通经济, 2012, 26(12): 51-57.

[25] GOVINDAN K, JAFARIAN A, NOURBAKHSH V. Bi-objective integrating sustainable order allocation and sustainable supply chain network strategic design with stochastic demand using a novel robust hybrid multi-objective metaheuristic[J]. Computers & Operations Research, 2015, 62: 112-130.

[26] LIOTTA G, KAIHARA T, STECCA G. Optimization and simulation of collaborative networks for sustainable production and transportation[J]. IEEE Transactions on Industrial Informatics, 2014, 12(1): 417-424.

[27] AGRAWAL V, LEE D. The effect of sourcing policies on suppliers' sustainable practices[J]. Production and Operations Management, 2019, 28(4): 767-787.

[28] GOVINDAN K, SOLEIMANI H. A review of reverse logistics and closed-loop supply chains[J]. Journal of Cleaner Production, 2017, 142: 371-384.

[29] 李进. 低碳环境下闭环供应链网络设计多目标鲁棒模糊优化问题[J]. 控制与决策, 2018, 33(02): 293-300.

[30] GOVINDAN K, SOLEIMANI H, KANNAN D. Reverse logistics and closed-loop supply chain: a comprehensive review to explore the future[J]. European Journal of Operational Research, 2015, 240(3): 603-626.

[31] PRAJAPATI H, KANT R, SHANKAR R. Bequeath life to death: state-of-art review on reverse logistics[J]. Journal of Cleaner Production, 2019, 211: 503-520.

[32] SAVASKAN R C, BHATTACHARYA S, WASSENHOVE L N.

Closed-loop supply chain models with product remanufacturing[J]. Management Science, 2004, 50(2): 239-252.

[33] ZHALECHIAN M, TAVAKKOLI-MOGHADDAM R, ZAHIRI B, et al. Sustainable design of a closed-loop location-routing-inventory supply chain network under mixed uncertainty[J]. Transportation Research Part E: Logistics and Transportation Review, 2016, 89: 182-214.

[34] SOLEIMANI H, GOVINDAN K, SAGHAFI H, et al. Fuzzy multi-objective sustainable and green closed-loop supply chain network design[J]. Computers & Industrial Engineering, 2017, 109: 191-203.

[35] ZEBALLOS L J, MÉNDEZ C A, BARBOSA-POVOA A P. Integrating decisions of product and closed-loop supply chain design under uncertain return flows[J]. Computers & Chemical Engineering, 2018, 112: 211-238.

[36] ZHEN L, SUN Q, WANG K, et al. Facility location and scale optimisation in closed-loop supply chain[J]. International Journal of Production Research, 2019, 57(24): 7567-7585.

[37] JEIHOONIAN M, ZANJANI M K, GENDREAU M. Accelerating benders decomposition for closed-loop supply chain network design: case of used durable products with different quality levels[J]. European Journal of Operational Research, 2016, 251(3): 830-845.

[38] SHI J, LIU Z, TANG L, et al. Multi-objective optimization for a closed-loop network design problem using an improved genetic algorithm[J]. Applied Mathematical Modelling, 2017, 45: 14-30.

[39] 高举红,李梦梦,韩冰.考虑碳减排风险的闭环供应链网络设计[J].工业工程与管理,2017,22(02):8-14+27.

[40] DEHGHAN E, NIKABADI M S, AMIRI M, et al. Hybrid robust, stochastic and possibilistic programming for closed-loop supply chain network design[J]. Computers & Industrial Engineering, 2018, 123: 220-231.

[41] 张鑫,赵刚,李伯棠. 可持续闭环供应链网络设计的多目标模糊规划问题[J/OL]. 控制理论与应用:1-16[2020-02-07]. http://kns.cnki.net/kcms/detail/44.1240.TP.20190816.1732.010.html.

[42] FROSCH R A, GALLOPOULOS N E. Strategies for manufacturing[J]. Scientific American, 1989, 261(3): 144-153.

[43] JACOBSEN N B. Industrial symbiosis in Kalundborg, Denmark: a quantitative assessment of economic and environmental aspects[J]. Journal of Industrial Ecology, 2006, 10(1-2): 239-255.

[44] JELINSKI L W, GRAEDEL T E, LAUDISE R A, et al. Industrial ecology: concepts and approaches[J]. Proceedings of the National Academy of Sciences, 1992, 89(3): 793-797.

[45] CHERTOW M R. Industrial symbiosis: literature and taxonomy[J]. Annual Review of Energy and the Environment, 2000, 25(1): 313-337.

[46] MIRATA M. Experiences from early stages of a national industrial symbiosis programme in the UK: determinants and coordination challenges[J]. Journal of Cleaner Production, 2004, 12(8-10): 967-983.

[47] ZHU Q, LOWE E A, WEI Y, et al. Industrial symbiosis in China: a case study of the Guitang Group[J]. Journal of Industrial Ecology, 2007, 11(1): 31-42.

[48] DOMENECH T, BLEISCHWITZ R, DORANOVA A, et al. Mapping Industrial Symbiosis Development in Europe_

typologies of networks, characteristics, performance and contribution to the Circular Economy[J]. Resources, Conservation and Recycling, 2019, 141: 76-98.

[49] 左晓利,李慧明. 生态工业园理论研究与实践模式[J]. 科技进步与对策, 2012, 29(7): 23-27.

[50] LI X, XIAO R. Analyzing network topological characteristics of eco-industrial parks from the perspective of resilience: a case study[J]. Ecological Indicators, 2017, 74: 403-413.

[51] CÔTÉ R P, LIU C. Strategies for reducing greenhouse gas emissions at an industrial park level: a case study of Debert Air Industrial Park, Nova Scotia[J]. Journal of Cleaner Production, 2016, 114: 352-361.

[52] 徐凌星,杨德伟,高雪莉,郭青海. 工业园区循环经济关联与生态效率评价——以福建省蛟洋循环经济示范园区为例[J]. 生态学报, 2019, 39(12): 4328-4336.

[53] PARK J M, PARK J Y, PARK H S. A review of the National Eco-Industrial Park Development Program in Korea: Progress and achievements in the first phase, 2005-2010[J]. Journal of Cleaner Production, 2016, 114: 33-44.

[54] TIU B T C, CRUZ D E. An MILP model for optimizing water exchanges in eco-industrial parks considering water quality[J]. Resources, Conservation and Recycling, 2017, 119: 89-96.

[55] LEONG Y T, LEE J Y, TAN R R, et al. Multi-objective optimization for resource network synthesis in eco-industrial parks using an integrated analytic hierarchy process[J]. Journal of Cleaner Production, 2017, 143: 1268-1283.

[56] REN J, LIANG H, DONG L, et al. Design for sustainability of industrial symbiosis based on emergy and multi-objective particle

swarm optimization[J]. Science of the Total Environment, 2016, 562: 789-801.

[57] 薛伟贤,郑玉雯,王迪.基于循环经济的我国西部地区生态工业园区优化设计研究[J].中国软科学,2018(06):82-96.

[58] 贺一堂,谢富纪,陈红军.产学研合作创新利益分配的激励机制研究[J].系统工程理论与实践,2017,37(09):2244-2255.

[59] 李佳钰,张贵,李涛.知识能量流动的系统动力学建模与仿真研究——基于创新生态系统视角[J].软科学,2019,33(12):13-22.

[60] AARSTAD J, KVITASTEIN O A, JAKOBSEN S E. Related and unrelated variety as regional drivers of enterprise productivity and innovation: a multilevel study[J]. Research Policy, 2016, 45(4): 844-856.

[61] DEWANGAN V, GODSE M. Towards a holistic enterprise innovation performance measurement system[J]. Technovation, 2014, 34(9): 536-545.

[62] HARRISSON D, LABERGE M. Innovation, identities and resistance: The social construction of an innovation network[J]. Journal of Management Studies, 2002, 39(4): 497-521.

[63] MATSUSHITA S, TACHIBANA K, KONDOH M. The clinical innovation network: a policy for promoting development of drugs and medical devices in Japan[J]. Drug Discovery Today, 2019, 24(1): 4-8.

[64] 于丽静,陈忠全.基于演化博弈的物流企业绿色创新扩散机制研究[J].运筹与管理,2018,27(12):193-199.

[65] TIMMERMANS W. The complex planning of innovation[J]. WIT Transactions on Ecology and the Environment, 2009, 122: 581-590.

[66] HUANG J W, LI Y H. Green innovation and performance: The view of organizational capability and social reciprocity[J].

Journal of Business Ethics, 2017, 145(2): 309-324.

[67] MARRA A, ANTONELLI P, POZZI C. Emerging green-tech specializations and clusters—A network analysis on technological innovation at the metropolitan level[J]. Renewable and Sustainable Energy Reviews, 2017, 67: 1037-1046.

[68] COLLADON A F, REMONDI E. Using social network analysis to prevent money laundering[J]. Expert Systems with Applications, 2017, 67: 49-58.

[69] 谢伟伟,邓宏兵,刘欢.绿色发展视角下长三角城市群城市创新网络结构特征研究[J].科技进步与对策,2017,34(17):52-59.

[70] LYU L, WU W, HU H, et al. An evolving regional innovation network: collaboration among industry, university, and research institution in China's first technology hub[J]. The Journal of Technology Transfer, 2019, 44(3): 659-680.

[71] 周青,梁超.创新网络视角下产学研协同创新演化过程——基于绿色制药协同创新中心的案例研究[J].科技管理研究,2017,37(23):200-206.

[72] CENTOBELLI P, CERCHIONE R, ESPOSITO E. Environmental sustainability in the service industry of transportation and logistics service providers: Systematic literature review and research directions [J]. Transportation Research Part D: Transport and Environment, 2017, 53: 454-470.

[73] 邓超,陈志军,吴超仲,等.绿色运输与物流的发展与现状——第16届海外华人国际交通科技年会综述[J].交通信息与安全,2017,35(01):1-9.

[74] WAGNER S M. Innovation management in the German transportation industry[J]. Journal of Business Logistics, 2008, 29(2): 215-231.

[75] ZAILANI S, IRANMANESH M, NIKBIN D, et al. Determinants and environmental outcome of green technology innovation adoption in the transportation industry in Malaysia [J]. Asian Journal of technology innovation, 2014, 22(2): 286-301.

[76] LIN R J, CHEN R H, HUANG F H. Green innovation in the automobile industry[J]. Industrial Management & Data Systems, 2014, 114(6): 886-903.

[77] SUN L, RAHWAN I. Coauthorship network in transportation research[J]. Transportation Research Part A: Policy and Practice, 2017, 100: 135-151.

[78] 朱青,卫柯臻,丁兰琳,等.基于文本挖掘和自动分类的法院裁判决策支持系统设计[J].中国管理科学,2018,26(01):170-178.

[79] EOM S, KIM E. A survey of decision support system applications (1995—2001)[J]. Journal of the Operational Research Society, 2006, 57(11): 1264-1278.

[80] ALI S M, GIORDANO R, LAKHANI S, et al. A review of randomized controlled trials of medical record powered clinical decision support system to improve quality of diabetes care[J]. International Journal of Medical Informatics, 2016, 87: 91-100.

[81] TELES G, RODRIGUES J P C, Saleem K, et al. Machine learning and decision support system on credit scoring[J]. Neural Computing and Applications, 2019: 1-18.

[82] HSU M F, HUANG C I. Decision Support System for Management Decision in High-Risk Business Environment[J]. Journal of Testing and Evaluation, 2018, 46(5): 2240-2250.

[83] 刘志峰,林巨广,刘光复,等.废旧产品回收工艺流程评价决策支持系统研究与开发[J].中国机械工程,2002(20):69-72+5.

[84] CAI Y P, HUANG G H, Yang Z F, et al. Development of an optimization model for energy systems planning in the Region of Waterloo[J]. International Journal of Energy Research, 2008, 32(11): 988-1005.

[85] ALLAOUI H, GUO Y, SARKIS J. Decision support for collaboration planning in sustainable supply chains[J]. Journal of Cleaner Production, 2019, 229: 761-774.

[86] TAN W J, YANG C F, CHATEAU P A, et al. Integrated coastal-zone management for sustainable tourism using a decision support system based on system dynamics: A case study of Cijin, Kaohsiung, Taiwan[J]. Ocean & Coastal Management, 2018, 153: 131-139.

[87] TEOTONIO I, CABRAL M, Cruz C O, et al. Decision support system for green roofs investments in residential buildings[J]. Journal of Cleaner Production, 2020, 249: 119365.

[88] 刘铮,吴小萍,牟瀚林.基于组件式GIS的铁路绿色选线决策支持系统研究[J].中国铁道科学,2009,30(02):1-6.

[89] 陶克.基于WebGIS的铁路绿色选线决策支持系统研究[D].长沙:中南大学,2013.

[90] RODRÍGUEZ G G, GONZALEZ-CAVA J M, PÉREZ J A M. An intelligent decision support system for production planning based on machine learning[J]. Journal of Intelligent Manufacturing, 2019: 1-17.

[91] 钱学森.论系统工程[M].长沙:湖南科学技术出版社,1982.

[92] BARABÁsi A L. Network science[M]. Cambridge University Press, 2016.

[93] 王树禾.图论[M].北京:科学出版社,2004.

[94] JUFFE-BIGNOLI D, HARRISON I, BUTCHART S H M,

et al. Achieving Aichi Biodiversity Target 11 to improve the performance of protected areas and conserve freshwater biodiversity[J]. Aquatic Conservation: Marine and Freshwater Ecosystems, 2016, 26: 133-151.

[95] NILSSON M, GRIGGS D, VISBECK M. Policy: map the interactions between Sustainable Development Goals [J]. Nature, 2016, 534(7607): 320-322.

[96] 谭跃进. 系统工程原理[M]. 北京: 科学出版社, 2017.

[97] REZAEE A, DEHGHANIAN F, FAHIMNIA B, et al. Green supply chain network design with stochastic demand and carbon price[J]. Annals of Operations Research, 2017, 250(2): 463-485.

[98] NOORAIE S V, PARAST M M. Mitigating supply chain disruptions through the assessment of trade-offs among risks, costs and investments in capabilities[J]. International Journal of Production Economics, 2016, 171: 8-21.

[99] KAASGARI M A, IMANI D M, Mahmoodjanloo M. Optimizing a vendor managed inventory (VMI) supply chain for perishable products by considering discount: Two calibrated meta-heuristic algorithms [J]. Computers & Industrial Engineering, 2017, 103: 227-241.

[100] 李进, 朱道立. 模糊环境下低碳闭环供应链网络设计多目标规划模型与算法[J]. 计算机集成制造系统, 2018, 24(2): 494-504.

[101] TIAN Y, CHENG R, ZHANG X, et al. PlatEMO: a MATLAB platform for evolutionary multi-objective optimization educational forum[J]. IEEE Computational Intelligence Magazine, 2017, 12(4): 73-87.

[102] KARIMI H, SETAK M. A bi-objective incomplete hub

location-routing problem with flow shipment scheduling[J]. Applied Mathematical Modelling, 2018, 57: 406-431.

[103] XIANG X, LIU C, MIAO L. A bi-objective robust model for berth allocation scheduling under uncertainty[J]. Transportation Research Part E: Logistics and Transportation Review, 2017, 106: 294-319.

[104] FISHER M L. The Lagrangian relaxation method for solving integer programming problems [J]. Management Science, 1981, 27(1): 1-18.

[105] HE Y, WU T, ZHANG C, et al. An improved MIP heuristic for the intermodal hub location problem[J]. Omega, 2015, 57: 203-211.

[106] ZHEN L. A bi-objective model on multiperiod green supply chain network design[J]. IEEE Transactions on Systems, Man, and Cybernetics: Systems, 2017.

[107] SCHÖN C, KÖNIG E. A stochastic dynamic programming approach for delay management of a single train line[J]. European Journal of Operational Research, 2018, 271(2): 501-518.

[108] KUNG C C, LI H, LIN R. Bioenergy strategies under climate change: A stochastic programming approach[J]. Journal of Cleaner Production, 2018, 188: 290-303.

[109] YU L, LI Y P, SHAN B G, et al. A scenario-based interval-stochastic basic-possibilistic programming method for planning sustainable energy system under uncertainty: A case study of Beijing, China[J]. Journal of Cleaner Production, 2018, 197: 1454-1471.

[110] NIGAM P S. An overview: Recycling of solid barley waste generated as a by-product in distillery and brewery[J]. Waste Management, 2017, 62: 255-261.

[111] CHEN Q, GU Y, TANG Z, et al. Assessment of low-carbon iron and steel production with CO_2 recycling and utilization technologies: A case study in China[J]. Applied Energy, 2018, 220: 192-207.

[112] GALANAKIS C M. Recovery of high added-value components from food wastes: conventional, emerging technologies and commercialized applications[J]. Trends in Food Science & Technology, 2012, 26(2): 68-87.

[113] HUANG H H, CHENG H, CHU C, et al. Area optimization of timing resilient designs using resynthesis[J]. IEEE Transactions on Computer-Aided Design of Integrated Circuits and Systems, 2017, 37(6): 1197-1210.

[114] TAHERKHANI G, ALUMUR S A. Profit maximizing hub location problems[J]. Omega, 2019, 86: 1-15.

[115] NIZAMI A S, SHAHZAD K, REHAN M, et al. Developing waste biorefinery in Makkah: a way forward to convert urban waste into renewable energy[J]. Applied Energy, 2017, 186: 189-196.

[116] BUTTLER A, SPLIETHOFF H. Current status of water electrolysis for energy storage, grid balancing and sector coupling via power-to-gas and power-to-liquids: a review[J]. Renewable and Sustainable Energy Reviews, 2018, 82: 2440-2454.

[117] BARBOSA-PÓVOA A P, SILVA C, CARVALHO A. Opportunities and challenges in sustainable supply chain: An operations research perspective[J]. European Journal of Operational Research, 2018, 268(2): 399-431.

[118] MOTA B, GOMES M I, CARVALHO A, et al. Sustainable

supply chains: An integrated modeling approach under uncertainty[J]. Omega, 2018, 77: 32-57.

[119] 秦学志,吴冲锋. 基于鞍和线性规划对偶原理的或有要求权定价方法[J]. 控制与决策, 2001(S1): 846-848.

[120] EHRGOTT M, IDE J, SCHÖBEL A. Minmax robustness for multi-objective optimization problems[J]. European Journal of Operational Research, 2014, 239(1): 17-31.

[121] BABAZADEH R, RAZMI J, PISHVAEE M S, et al. A sustainable second-generation biodiesel supply chain network design problem under risk[J]. Omega, 2017, 66: 258-277.

[122] AZADJALAL M M, MORADI P, ABDOLLAHPOURI A, et al. A trust-aware recommendation method based on Pareto dominance and confidence concepts[J]. Knowledge-Based Systems, 2017, 116: 130-143.

[123] KELLEY M T, PATTISON R C, BALDICK R, et al. An MILP framework for optimizing demand response operation of air separation units[J]. Applied Energy, 2018, 222: 951-966.

[124] YUAN X, ZHANG B, WANG P, et al. Multi-objective optimal power flow based on improved strength Pareto evolutionary algorithm[J]. Energy, 2017, 122: 70-82.

[125] MARTIN M. Quantifying the environmental performance of an industrial symbiosis network of biofuel producers[J]. Journal of Cleaner Production, 2015, 102: 202-212.

[126] WANG L, LI Q, DING R, et al. Integrated scheduling of energy supply and demand in microgrids under uncertainty: a robust multi-objective optimization approach[J]. Energy, 2017, 130: 1-14.

[127] LORCA A, SUN X A, LITVINOV E, et al. Multistage

adaptive robust optimization for the unit commitment problem [J]. Operations Research, 2016, 64(1): 32-51.

[128] 陶小龙, 刘珊, 陈劲, 郑湛. 企业转型升级与创新生态圈成长耦合机理——一个扎根理论多案例研究[J]. 科技进步与对策, 2019, 36(24): 80-89.

[129] 原毅军, 陈喆. 环境规制、绿色技术创新与中国制造业转型升级[J]. 科学学研究, 2019, 37(10): 1902-1911.

[130] CENTOBELLI P, CERCHIONE R, ESPOSITO E. Environmental sustainability in the service industry of transportation and logistics service providers: Systematic literature review and research directions[J]. Transportation Research Part D: Transport and Environment, 2017, 53: 454-470.

[131] SABERI S, CRUZ J M, SARKIS J, et al. A competitive multiperiod supply chain network model with freight carriers and green technology investment option[J]. European Journal of Operational Research, 2018, 266(3): 934-949.

[132] BEKTA T, EHMKE J F, PSARAFTIS H N, et al. The role of operational research in green freight transportation[J]. European Journal of Operational Research, 2019, 274(3): 807-823.

[133] ALBINO V, ARDITO L, DANGELICO R M, et al. Understanding the development trends of low-carbon energy technologies: A patent analysis[J]. Applied Energy, 2014, 135: 836-854.

[134] FUJII H, MANAGI S. Decomposition analysis of sustainable green technology inventions in China[J]. Technological Forecasting and Social Change, 2019, 139: 10-16.

[135] TONG T W, ZHANG K, HE Z L, et al. What determines the duration of patent examination in China? An outcome-specific duration analysis of invention patent applications at SIPO[J]. Research Policy, 2018, 47(3): 583-591.

[136] ZHANG H, ZHENG Y, ZHOU D, et al. Selection of key technology policies for Chinese offshore wind power: A perspective on patent maps[J]. Marine Policy, 2018, 93: 47-53.

[137] 梁正, 罗猷韬, 姚金伟. 中国专利快速增长背后的结构性分析——基于专利申请统计数据[J]. 科技管理研究, 2016, 36(17): 158-165.

[138] SUN H, GENG Y, HU L, et al. Measuring China's new energy vehicle patents: A social network analysis approach[J]. Energy, 2018, 153: 685-693.

[139] GUAN J, LIU N. Exploitative and exploratory innovations in knowledge network and collaboration network: A patent analysis in the technological field of nano-energy[J]. Research Policy, 2016, 45(1): 97-112.

[140] 罗晓宁, 鄢春根. 江西省本科院校专利信息分析[J]. 图书馆研究, 2019, 41(2): 119-122.

[141] RAJALO S, VADI M. University-industry innovation collaboration: Reconceptualization[J]. Technovation, 2017, 62: 42-54.

[142] KHOKHAR D. Gephi cookbook[M]. Birmingham: Packt Publishing Ltd, 2015.

[143] DEHMER M, Emmert-Streib F, Shi Y. Quantitative graph theory: a new branch of graph theory and network science[J]. Information Sciences, 2017, 418: 575-580.

[144] GONG Y, JIANG Y, JIA F. Multiple multi-tier sustainable supply chain management: a social system theory perspective [J]. International Journal of Production Research, 2021: 1-18.

[145] GOVINDAN K, HASANAGIC M. A systematic review on drivers, barriers, and practices towards circular economy: a supply chain perspective [J]. International Journal of Production Research, 2018, 56(1-2): 278-311.

[146] FEHRER J A, WIELAND H. A systemic logic for circular business models[J]. Journal of Business Research, 2021, 125: 609-620.

[147] ÜNAL E, URBINATI A, CHIARONI D, et al. Value Creation in Circular Business Models: The case of a US small medium enterprise in the building sector [J]. Resources, Conservation and Recycling, 2019, 146: 291-307.

[148] TSENG M L, CHIU A S F, LIU G, et al. Circular economy enables sustainable consumption and production in multi-level supply chain system [J]. Resources, Conservation and Recycling, 2020, 154: 104601.

[149] BRESSANELLI G, PERONA M, SACCANI N. Challenges in supply chain redesign for the Circular Economy: a literature review and a multiple case study[J]. International Journal of Production Research, 2019, 57(23): 7395-7422.

[150] HENRY M, BAUWENS T, HEKKERT M, et al. A typology of circular start-ups: an analysis of 128 circular business models [J]. Journal of Cleaner Production, 2020, 245: 118528.

[151] SUPPATVECH C, GODSELL J, DAY S. The roles of internet of things technology in enabling servitized business models: a systematic literature review [J]. Industrial Marketing

Management, 2019, 82: 70-86.

[152] KOUHIZADEH M, ZHU Q, SARKIS J. Blockchain and the circular economy: potential tensions and critical reflections from practice[J]. Production Planning & Control, 2020, 31(11-12): 950-966.

[153] BENZIDIA S, MAKAOUI N, BENTAHAR O. The impact of big data analytics and artificial intelligence on green supply chain process integration and hospital environmental performance[J]. Technological Forecasting and Social Change, 2021, 165: 120557.

[154] SANTANDER P, SANCHEZ F A C, BOUDAOUD H, et al. Closed loop supply chain network for local and distributed plastic recycling for 3D printing: a MILP-based optimization approach[J]. Resources, Conservation and Recycling, 2020, 154: 104531.

[155] SARC R, CURTIS A, KANDLBAUER L, et al. Digitalisation and intelligent robotics in value chain of circular economy oriented waste management—A review[J]. Waste Management, 2019, 95: 476-492.

[156] MANGLA S K, LUTHRA S, MISHRA N, et al. Barriers to effective circular supply chain management in a developing country context[J]. Production Planning & Control, 2018, 29(6): 551-569.

[157] HASTIG G M, SODHI M M S. Blockchain for supply chain traceability: Business requirements and critical success factors [J]. Production and Operations Management, 2020, 29(4): 935-954.

[158] ZHU Q, KOUHIZADEH M. Blockchain technology, supply

chain information, and strategic product deletion management[J]. IEEE Engineering Management Review, 2019, 47(1): 36-44.

[159] SUNNY J, UNDRALLA N, PILLAI V M. Supply chain transparency through blockchain-based traceability: An overview with demonstration[J]. Computers & Industrial Engineering, 2020, 150: 106895.

[160] KUMAR A, LIU R, SHAN Z. Is blockchain a silver bullet for supply chain management? Technical challenges and research opportunities[J]. Decision Sciences, 2020, 51(1): 8-37.

[161] SETAKI F, TIMMEREN A. Disruptive technologies for a circular building industry[J]. Building and Environment, 2022: 109394.

[162] BHUBALAN K, TAMOTHRAN A M, KEE S H, et al. Leveraging blockchain concepts as watermarkers of plastics for sustainable waste management in progressing circular economy [J]. Environmental Research, 2022, 213: 113631.

[163] WANG T, YU L, LI Y. Blockchain technology and its applications [M]//Encyclopedia of Organizational Knowledge, Administration, and Technology. IGI Global, 2021: 1247-1260.

[164] SABERI S, KOUHIZADEH M, SARKIS J, et al. Blockchain technology and its relationships to sustainable supply chain management[J]. International Journal of Production Research, 2019, 57(7): 2117-2135.

[165] HORVATH D, SZABÓ R Z. Driving forces and barriers of Industry 4.0: Do multinational and small and medium-sized companies have equal opportunities? [J]. Technological Forecasting and Social Change, 2019, 146: 119-132.

[166] TSAO Y C, THANH V V. Toward sustainable microgrids

with blockchain technology-based peer-to-peer energy trading mechanism: A fuzzy meta-heuristic approach[J]. Renewable and Sustainable Energy Reviews, 2021, 136: 110452.

[167] WANG B, LUO W, ZHANG A, et al. Blockchain-enabled circular supply chain management: A system architecture for fast fashion[J]. Computers in Industry, 2020, 123: 103324.

[168] COLE R, STEVENSON M, AITKEN J. Blockchain technology: implications for operations and supply chain management[J]. Supply Chain Management: An International Journal, 2019, 24(4): 469-483.

[169] LIU A, LIU T, MOU J, et al. A supplier evaluation model based on customer demand in blockchain tracing anti-counterfeiting platform project management[J]. Journal of Management Science and Engineering, 2020, 5(3): 172-194.

[170] NAKAMOTO S. Bitcoin: A peer-to-peer electronic cash system [J]. Decentralized Business Review, 2008: 21260.

[171] PAZAITIS A, FILIPPI P, KOSTAKIS V. Blockchain and value systems in the sharing economy: The illustrative case of Backfeed[J]. Technological Forecasting and Social Change, 2017, 125: 105-115.

[172] ZHAO W. Blockchain technology: development and prospects[J]. National Science Review, 2019, 6(2): 369-373.

[173] WANG H, CHEN K, XU D. A maturity model for blockchain adoption[J]. Financial Innovation, 2016, 2(1): 1-5.

[174] HORST T, ROMANB. Business transformation through blockchain[M]. Switzerland: Palgrave Macmillan, 2019.

[175] ESPOSITO C, SANTIS A, TORTORA G, et al. Blockchain: A panacea for healthcare cloud-based data security and privacy?

[J]. IEEE Cloud Computing, 2018, 5(1): 31-37.

[176] CHOD J, TRICHAKIS N, TSOUKALAS G, et al. On the financing benefits of supply chain transparency and blockchain adoption[J]. Management Science, 2020, 66(10): 4378-4396.

[177] PAN X, SONG M. Blockchain technology and enterprise operational capabilities: An empirical test[J]. International Journal of Information Management, 2020, 52: 101946.

[178] MORKUNAS V J, PASCHEN J, BOON E. How blockchain technologies impact your business model[J]. Business Horizons, 2019, 62(3): 295-306.

[179] USLAY C, YENIYURT S. Executive insights: An interview with Evren Ozkaya, Founder and Chief Executive Officer at supply chain wizard[J]. Rutgers Business Review, 2018, 3(1): 79-91.

[180] CLOHESSY T, ACTON T. Investigating the influence of organizational factors on blockchain adoption: An innovation theory perspective[J]. Industrial Management & Data Systems, 2019, 119 (7): 1457-1491.

[181] BAG S, GUPTA S, WOOD L. Big data analytics in sustainable humanitarian supply chain: Barriers and their interactions[J]. Annals of Operations Research, 2020: 1-40.

[182] AGRAWAL T K, KUMAR V, PAL R, et al. Blockchain-based framework for supply chain traceability: A case example of textile and clothing industry[J]. Computers & industrial engineering, 2021, 154: 107130.

[183] TUMMALA V M R, PHILLIPS C L M, JOHNSON M. Assessing supply chain management success factors: a case study[J]. Supply Chain Management: An International

Journal, 2006, 11(2): 179-192.

[184] GENG, R, MANSOURI, S A, AKTAS, E, et al. The role of Guanxi in green supply chain management in Asia's emerging economies: A conceptual framework[J]. Industrial Marketing Management, 2017, 63, 1-17.

[185] QUINTANA-GARCÍA C, BENAVIDES-CHICÓN C G, MARCHANTE-LARA M. Does a green supply chain improve corporate reputation? Empirical evidence from European manufacturing sectors[J]. Industrial Marketing Management, 2021, 92: 344-353.

[186] CUI H, LEONAS K K. Blockchain technology in footwear supply chain [M]//Leather and footwear sustainability. Springer, Singapore, 2020: 23-56.

[187] DUTTA P, CHOI T M, SOMANI S, et al. Blockchain technology in supply chain operations: Applications, challenges and research opportunities[J]. Transportation Research Part e: Logistics and Transportation Review, 2020, 142: 102067.

[188] LIU H, WEI S, KE W, et al. The configuration between supply chain integration and information technology competency: A resource orchestration perspective[J]. Journal of Operations Management, 2016, 44: 13-29.

[189] QUEIROZ M M, TELLES R, BONILLA S H. Blockchain and supply chain management integration: a systematic review of the literature[J]. Supply Chain Management: An International Journal, 2020, 25(2): 241-254.

[190] PAUL T, ISLAM N, MONDAL S, et al. RFID-integrated blockchain-driven circular supply chain management: A system architecture for B2B tea industry [J]. Industrial Marketing

Management, 2022, 101: 238-257.

[191] WANG Y, HAN J H, BEYNON-DAVIES P. Understanding blockchain technology for future supply chains: a systematic literature review and research agenda [J]. Supply Chain Management: An International Journal, 2019, 24(1): 62-84.

[192] KOUHIZADEH M, SABERI S, SARKIS J. Blockchain technology and the sustainable supply chain: Theoretically exploring adoption barriers [J]. International Journal of Production Economics, 2021, 231: 107831.

[193] CHEN L, LI T, ZHANG T. Supply chain leadership and firm performance: A meta-analysis [J]. International Journal of Production Economics, 2021, 235: 108082.

[194] LI D, HAN D, CRESPI N, et al. A blockchain-based secure storage and access control scheme for supply chain finance [J]. The Journal of Supercomputing, 2023, 79(1): 109-138.

[195] SHEEL A, NATH V. Effect of blockchain technology adoption on supply chain adaptability, agility, alignment and performance [J]. Management Research Review, 2019, 42(12): 1353-1374.

[196] HOWSON P. Building trust and equity in marine conservation and fisheries supply chain management with blockchain [J]. Marine Policy, 2020, 115: 103873.

[197] SHI Q, DING X, ZUO J, et al. Mobile Internet based construction supply chain management: A critical review [J]. Automation in Construction, 2016, 72: 143-154.

[198] PAUL T, ISLAM N, MONDAL S, et al. RFID-integrated blockchain-driven circular supply chain management: A system architecture for B2B tea industry [J]. Industrial Marketing

Management, 2022, 101: 238-257.

[199] ANGELIS R, HOWARD M, MIEMCZYK J. Supply chain management and the circular economy: towards the circular supply chain[J]. Production Planning & Control, 2018, 29(6): 425-437.

[200] Ølnes S, UBACHT J, JANSSEN M. Blockchain in government: Benefits and implications of distributed ledger technology for information sharing[J]. Government Information Quarterly, 2017, 34(3): 355-364.

[201] DRLJEVIC N, ARANDA D A, STANTCHEV V. Perspectives on risks and standards that affect the requirements engineering of blockchain technology[J]. Computer Standards & Interfaces, 2020, 69: 103409.

[202] LUMINEAU F, WANG W, SCHILKE O. Blockchain governance—A new way of organizing collaborations? [J]. Organization Science, 2021, 32(2): 500-521.

[203] SABERI S, KOUHIZADEH M, SARKIS J, et al. Blockchain technology and its relationships to sustainable supply chain management[J]. International Journal of Production Research, 2019, 57(7): 2117-2135.

[204] ESMAEILIAN B, SARKIS J, LEWIS K, et al. Blockchain for the future of sustainable supply chain management in Industry 4.0[J]. Resources, Conservation and Recycling, 2020, 163: 105064.

[205] RANE B S, THAKKER V S, KANT R. Stakeholders' involvement in green supply chain: a perspective of blockchain IoT-integrated architecture[J]. Management of Environmental Quality: An International Journal, 2020, 32(6): 1166-1191.

[206] GAUR V, GAIHA A. Building a Transparent Supply Chain

Blockchain can enhance trust, efficiency, and speed [J]. Harvard Business Review, 2020, 98(3): 94-103.

[207] CHANG V, BAUDIER P, ZHANG H, et al. How Blockchain can impact financial services—The overview, challenges and recommendations from expert interviewees[J]. Technological forecasting and social change, 2020, 158: 120166.

[208] AJWANI-RAMCHANDANI R, FIGUEIRA S, OLIVEIRA R T, et al. Enhancing the circular and modified linear economy: The importance of blockchain for developing economies [J]. Resources, Conservation and Recycling, 2021, 168: 105468.

[209] BÜYÜKÖZKAN G, GÜLERYÜZ S. An integrated DEMATEL-ANP approach for renewable energy resources selection in Turkey [J]. International journal of production economics, 2016, 182: 435-448.

[210] GANDHI S, MANGLA S K, KUMAR P, et al. A combined approach using AHP and DEMATEL for evaluating success factors in implementation of green supply chain management in Indian manufacturing industries [J]. International Journal of Logistics Research and Applications, 2016, 19(6): 537-561.

[211] SAATY R W. The analytic hierarchy process—what it is and how it is used[J]. Mathematical modelling, 1987, 9(3-5): 161-176.

[212] DAS D, DATTA A, KUMAR P, et al. Building supply chain resilience in the era of COVID-19: An AHP-DEMATEL approach[J]. Operations Management Research, 2021, 15(1-2): 1-19.

[213] CHEN Y C, LIEN H P, TZENG G H. Measures and evaluation for environment watershed plans using a novel hybrid MCDM model[J]. Expert Systems with Applications,

2010, 37(2): 926-938.

[214] KUMAR A, SAH B, SINGH A R, et al. A review of multi criteria decision making (MCDM) towards sustainable renewable energy development[J]. Renewable and Sustainable Energy Reviews, 2017, 69: 596-609.

[215] WU K J, TSENG M L, CHIU A S F, et al. Achieving competitive advantage through supply chain agility under uncertainty: A novel multi-criteria decision-making structure [J]. International Journal of Production Economics, 2017, 190: 96-107.

[216] BISWAS B, GUPTA R. Analysis of barriers to implement blockchain in industry and service sectors[J]. Computers & Industrial Engineering, 2019, 136: 225-241.

[217] VIEIRA J G V, TOSO M R, SILVA J E A R, et al. An AHP-based framework for logistics operations in distribution centres [J]. International Journal of Production Economics, 2017, 187: 246-259.

[218] MADAAN J, MANGLA S. Decision modeling approach for eco-driven flexible green supply chain[M]//Systemic flexibility and business agility. New Delhi: Springer, 2015: 343-364.

[219] KAUR J, SIDHU R, Awasthi A, et al. A DEMATEL based approach for investigating barriers in green supply chain management in Canadian manufacturing firms[J]. International Journal of Production Research, 2018, 56(1-2): 312-332.

[220] KUMAR A, DIXIT G. Evaluating critical barriers to implementation of WEEE management using DEMATEL approach [J]. Resources, Conservation and Recycling, 2018, 131: 101-121.

[221] TSENG M L. A causal and effect decision making model of

service quality expectation using grey-fuzzy DEMATEL approach[J]. Expert Systems with Applications, 2009, 36(4): 7738-7748.

[222] FU X, ZHU Q, SARKIS J. Evaluating green supplier development programs at a telecommunications systems provider[J]. International Journal of Production Economics, 2012, 140(1): 357-367.

[223] SEDGHIYAN D, ASHOURI A, MAFTOUNI N, et al. Prioritization of renewable energy resources in five climate zones in Iran using AHP, hybrid AHP-TOPSIS and AHP-SAW methods [J]. Sustainable Energy Technologies and Assessments, 2021, 44: 101045.

[224] 苏怡,袁勤俭.MEC理论在信息产品及服务设计中的应用研究述评[J].现代情报,2018,38(09):163-168.

[225] 黄思翰,王国新,商曦文,阎艳.可重构制造系统的多尺度构形概念模型设计[J].计算机集成制造系统,2019,25(11):2803-2812.

[226] ALAVI M, LEIDNER D E. Knowledge management and knowledge management systems: Conceptual foundations and research issues[J]. MIS Quarterly, 2001: 107-136.

[227] 姚宇鑫,王文华,黄一.新型沙漏式浮式生产储油系统的概念设计分析[J].上海交通大学学报,2014,48(04):558-564.

[228] SUN H, GUO Q, ZHANG B, et al. Integrated energy management system: Concept, design, and demonstration in China[J]. IEEE Electrification Magazine, 2018, 6(2): 42-50.

[229] OLSZAK C M, BARTUŚ T, LOREK P. A comprehensive framework of information system design to provide organizational creativity support [J]. Information & Management, 2018, 55(1): 94-108.

附录 1

国务院办公厅关于积极推进供应链创新与应用的指导意见

国办发〔2017〕84号

各省、自治区、直辖市人民政府,国务院各部委、各直属机构:

供应链是以客户需求为导向,以提高质量和效率为目标,以整合资源为手段,实现产品设计、采购、生产、销售、服务等全过程高效协同的组织形态。随着信息技术的发展,供应链已发展到与互联网、物联网深度融合的智慧供应链新阶段。为加快供应链创新与应用,促进产业组织方式、商业模式和政府治理方式创新,推进供给侧结构性改革,经国务院同意,现提出以下意见。

一、重要意义

(一)落实新发展理念的重要举措

供应链具有创新、协同、共赢、开放、绿色等特征,推进供应链创新发展,有利于加速产业融合、深化社会分工、提高集成创新能力,有利于建立供应链上下游企业合作共赢的协同发展机制,有利于建立覆盖设计、生产、流通、消费、回收等各环节的绿色产业体系。

(二) 供给侧结构性改革的重要抓手

供应链通过资源整合和流程优化,促进产业跨界和协同发展,有利于加强从生产到消费等各环节的有效对接,降低企业经营和交易成本,促进供需精准匹配和产业转型升级,全面提高产品和服务质量。供应链金融的规范发展,有利于拓宽中小微企业的融资渠道,确保资金流向实体经济。

(三) 引领全球化提升竞争力的重要载体

推进供应链全球布局,加强与伙伴国家和地区之间的合作共赢,有利于我国企业更深更广融入全球供给体系,推进"一带一路"建设落地,打造全球利益共同体和命运共同体。建立基于供应链的全球贸易新规则,有利于提高我国在全球经济治理中的话语权,保障我国资源能源安全和产业安全。

二、总体要求

(一) 指导思想

全面贯彻党的十八大和十八届三中、四中、五中、六中全会精神,深入贯彻习近平总书记系列重要讲话精神和治国理政新理念新思想新战略,认真落实党中央、国务院决策部署,统筹推进"五位一体"总体布局和协调推进"四个全面"战略布局,坚持以人民为中心的发展思想,坚持稳中求进工作总基调,牢固树立和贯彻落实创新、协调、绿色、开放、共享的发展理念,以提高发展质量和效益为中心,以供应链与互联网、物联网深度融合为路径,以信息化、标准化、信用体系建设和人才培养为支撑,创新发展供应链新理念、新技术、新模式,高效整合各类资源和要素,提升产业集成和协同水平,打造大数据支撑、网络化共享、智能化协作的智慧供应链体系,推进供给侧结构性改革,提升我国经济全球竞争力。

(二) 发展目标

到 2020 年,形成一批适合我国国情的供应链发展新技术和新模式,基本形成覆盖我国重点产业的智慧供应链体系。供应链在促进降本增效、供需匹配和产业升级中的作用显著增强,成为供给侧结构性改革的重要支撑。培育 100 家左右的全球供应链领先企业,重点产业的供应链竞争力进入世界前列,中国成为全球供应链创新与应用的重要中心。

三、重点任务

(一) 推进农村一二三产业融合发展

1. 创新农业产业组织体系

鼓励家庭农场、农民合作社、农业产业化龙头企业、农业社会化服务组织等合作建立集农产品生产、加工、流通和服务等于一体的农业供应链体系,发展种养加、产供销、内外贸一体化的现代农业。鼓励承包农户采用土地流转、股份合作、农业生产托管等方式融入农业供应链体系,完善利益联结机制,促进多种形式的农业适度规模经营,把农业生产引入现代农业发展轨道。(农业部、商务部等负责)

2. 提高农业生产科学化水平

推动建设农业供应链信息平台,集成农业生产经营各环节的大数据,共享政策、市场、科技、金融、保险等信息服务,提高农业生产科技化和精准化水平。加强产销衔接,优化种养结构,促进农业生产向消费导向型转变,增加绿色优质农产品供给。鼓励发展农业生产性服务业,开拓农业供应链金融服务,支持订单农户参加农业保险。(农业部、科技

部、商务部、银监会、保监会等负责)

3. 提高质量安全追溯能力

加强农产品和食品冷链设施及标准化建设,降低流通成本和损耗。建立基于供应链的重要产品质量安全追溯机制,针对肉类、蔬菜、水产品、中药材等食用农产品,婴幼儿配方食品、肉制品、乳制品、食用植物油、白酒等食品,农药、兽药、饲料、肥料、种子等农业生产资料,将供应链上下游企业全部纳入追溯体系,构建来源可查、去向可追、责任可究的全链条可追溯体系,提高消费安全水平。(商务部、国家发展改革委、科技部、农业部、质检总局、食品药品监管总局等负责)

(二)促进制造协同化、服务化、智能化

1. 推进供应链协同制造

推动制造企业应用精益供应链等管理技术,完善从研发设计、生产制造到售后服务的全链条供应链体系。推动供应链上下游企业实现协同采购、协同制造、协同物流,促进大中小企业专业化分工协作,快速响应客户需求,缩短生产周期和新品上市时间,降低生产经营和交易成本。(工业和信息化部、国家发展改革委、科技部、商务部等负责)

2. 发展服务型制造

建设一批服务型制造公共服务平台,发展基于供应链的生产性服务业。鼓励相关企业向供应链上游拓展协同研发、众包设计、解决方案等专业服务,向供应链下游延伸远程诊断、维护检修、仓储物流、技术培训、融资租赁、消费信贷等增值服务,推动制造供应链向产业服务供应链转型,提升制造产业价值链。(工业和信息化部、国家发展改革委、科技部、商务部、人民银行、银监会等负责)

3. 促进制造供应链可视化和智能化

推动感知技术在制造供应链关键节点的应用,促进全链条信息共享,实现供应链可视化。推进机械、航空、船舶、汽车、轻工、纺织、食品、电子等行业供应链体系的智能化,加快人机智能交互、工业机器人、智

能工厂、智慧物流等技术和装备的应用,提高敏捷制造能力。(工业和信息化部、国家发展改革委、科技部、商务部等负责)

(三)提高流通现代化水平

1. 推动流通创新转型

应用供应链理念和技术,大力发展智慧商店、智慧商圈、智慧物流,提升流通供应链智能化水平。鼓励批发、零售、物流企业整合供应链资源,构建采购、分销、仓储、配送供应链协同平台。鼓励住宿、餐饮、养老、文化、体育、旅游等行业建设供应链综合服务和交易平台,完善供应链体系,提升服务供给质量和效率。(商务部、国家发展改革委、科技部、质检总局等负责)

2. 推进流通与生产深度融合

鼓励流通企业与生产企业合作,建设供应链协同平台,准确及时传导需求信息,实现需求、库存和物流信息的实时共享,引导生产端优化配置生产资源,加速技术和产品创新,按需组织生产,合理安排库存。实施内外销产品"同线同标同质"等一批示范工程,提高供给质量。(商务部、工业和信息化部、农业部、质检总局等负责)

3. 提升供应链服务水平

引导传统流通企业向供应链服务企业转型,大力培育新型供应链服务企业。推动建立供应链综合服务平台,拓展质量管理、追溯服务、金融服务、研发设计等功能,提供采购执行、物流服务、分销执行、融资结算、商检报关等一体化服务。(商务部、人民银行、银监会等负责)

(四)积极稳妥发展供应链金融

1. 推动供应链金融服务实体经济

推动全国和地方信用信息共享平台、商业银行、供应链核心企业等开放共享信息。鼓励商业银行、供应链核心企业等建立供应链金融服务平台,为供应链上下游中小微企业提供高效便捷的融资渠道。鼓励供应链核心企业、金融机构与人民银行征信中心建设的应收账款融资服务平台对接,发展线上应收账款融资等供应链金融模式。(人民银行、国家发展改革委、商务部、银监会、保监会等负责)

2. 有效防范供应链金融风险

推动金融机构、供应链核心企业建立债项评级和主体评级相结合的风险控制体系,加强供应链大数据分析和应用,确保借贷资金基于真实交易。加强对供应链金融的风险监控,提高金融机构事中事后风险管理水平,确保资金流向实体经济。健全供应链金融担保、抵押、质押机制,鼓励依托人民银行征信中心建设的动产融资统一登记系统开展应收账款及其他动产融资质押和转让登记,防止重复质押和空单质押,推动供应链金融健康稳定发展。(人民银行、商务部、银监会、保监会等负责)

(五) 积极倡导绿色供应链

1. 大力倡导绿色制造

推行产品全生命周期绿色管理,在汽车、电器电子、通信、大型成套装备及机械等行业开展绿色供应链管理示范。强化供应链的绿色监管,探索建立统一的绿色产品标准、认证、标识体系,鼓励采购绿色产品和服务,积极扶植绿色产业,推动形成绿色制造供应链体系。(国家发展改革委、工业和信息化部、环境保护部、商务部、质检总局等按职责分工负责)

2. 积极推行绿色流通

积极倡导绿色消费理念,培育绿色消费市场。鼓励流通环节推广节能技术,加快节能设施设备的升级改造,培育一批集节能改造和节能产品销售于一体的绿色流通企业。加强绿色物流新技术和设备的研究与应用,贯彻执行运输、装卸、仓储等环节的绿色标准,开发应用绿色包装材料,建立绿色物流体系。(商务部、国家发展改革委、环境保护部等负责)

3. 建立逆向物流体系

鼓励建立基于供应链的废旧资源回收利用平台,建设线上废弃物和再生资源交易市场。落实生产者责任延伸制度,重点针对电器电子、汽车产品、轮胎、蓄电池和包装物等产品,优化供应链逆向物流网点布局,促进产品回收和再制造发展。(国家发展改革委、工业和信息化部、商务部等按职责分工负责)

(六) 努力构建全球供应链

1. 积极融入全球供应链网络

加强交通枢纽、物流通道、信息平台等基础设施建设,推进与"一带一路"沿线国家互联互通。推动国际产能和装备制造合作,推进边境经济合作区、跨境经济合作区、境外经贸合作区建设,鼓励企业深化对外投资合作,设立境外分销和服务网络、物流配送中心、海外仓等,建立本地化的供应链体系。(商务部、国家发展改革委、交通运输部等负责)

2. 提高全球供应链安全水平

鼓励企业建立重要资源和产品全球供应链风险预警系统,利用两个市场两种资源,提高全球供应链风险管理水平。制定和实施国家供应链安全计划,建立全球供应链风险预警评价指标体系,完善全球供应链风险预警机制,提升全球供应链风险防控能力。(国家发展改革委、商务部等按职责分工负责)

3. 参与全球供应链规则制定

依托全球供应链体系,促进不同国家和地区包容共享发展,形成全球利益共同体和命运共同体。在人员流动、资格互认、标准互通、认可认证、知识产权等方面加强与主要贸易国家和"一带一路"沿线国家的磋商与合作,推动建立有利于完善供应链利益联结机制的全球经贸新规则。(商务部、国家发展改革委、人力资源社会保障部、质检总局等负责)

四、保障措施

(一)营造良好的供应链创新与应用政策环境

鼓励构建以企业为主导、产学研用合作的供应链创新网络,建设跨界交叉领域的创新服务平台,提供技术研发、品牌培育、市场开拓、标准化服务、检验检测认证等服务。鼓励社会资本设立供应链创新产业投资基金,统筹结合现有资金、基金渠道,为企业开展供应链创新与应用提供融资支持。(科技部、工业和信息化部、财政部、商务部、人民银行、质检总局等按职责分工负责)

研究依托国务院相关部门成立供应链专家委员会,建设供应链研究院。鼓励有条件的地方建设供应链科创研发中心。支持建设供应链创新与应用的政府监管、公共服务和信息共享平台,建立行业指数、经济运行、社会预警等指标体系。(科技部、商务部等按职责分工负责)

研究供应链服务企业在国民经济中的行业分类,理顺行业管理。符合条件的供应链相关企业经认定为国家高新技术企业后,可按规定享受相关优惠政策。符合外贸企业转型升级、服务外包相关政策条件的供应链服务企业,按现行规定享受相应支持政策。(国家发展改革委、科技部、工业和信息化部、财政部、商务部、国家统计局等按职责分工负责)

(二)积极开展供应链创新与应用试点示范

开展供应链创新与应用示范城市试点,鼓励试点城市制定供应链发展的支持政策,完善本地重点产业供应链体系。培育一批供应链创新与应用示范企业,建设一批跨行业、跨领域的供应链协同、交易和服务示范平台。(商务部、工业和信息化部、农业部、人民银行、银监会等负责)

（三）加强供应链信用和监管服务体系建设

完善全国信用信息共享平台、国家企业信用信息公示系统和"信用中国"网站,健全政府部门信用信息共享机制,促进商务、海关、质检、工商、银行等部门和机构之间公共数据资源的互联互通。研究利用区块链、人工智能等新兴技术,建立基于供应链的信用评价机制。推进各类供应链平台有机对接,加强对信用评级、信用记录、风险预警、违法失信行为等信息的披露和共享。创新供应链监管机制,整合供应链各环节涉及的市场准入、海关、质检等政策,加强供应链风险管控,促进供应链健康稳定发展。(国家发展改革委、交通运输部、商务部、人民银行、海关总署、税务总局、工商总局、质检总局、食品药品监管总局等按职责分工负责)

（四）推进供应链标准体系建设

加快制定供应链产品信息、数据采集、指标口径、交换接口、数据交易等关键共性标准,加强行业间数据信息标准的兼容,促进供应链数据高效传输和交互。推动企业提高供应链管理流程标准化水平,推进供应链服务标准化,提高供应链系统集成和资源整合能力。积极参与全球供应链标准制定,推进供应链标准国际化进程。(质检总局、国家发展改革委、工业和信息化部、商务部等负责)

（五）加快培养多层次供应链人才

支持高等院校和职业学校设置供应链相关专业和课程,培养供应链专业人才。鼓励相关企业和专业机构加强供应链人才培训。创新供应链人才激励机制,加强国际化的人才流动与管理,吸引和聚集世界优秀供应链人才。(教育部、人力资源社会保障部、商务部等按职责分工负责)

(六)加强供应链行业组织建设

推动供应链行业组织建设供应链公共服务平台,加强行业研究、数据统计、标准制修订和国际交流,提供供应链咨询、人才培训等服务。加强行业自律,促进行业健康有序发展。加强与国外供应链行业组织的交流合作,推动供应链专业资质相互认证,促进我国供应链发展与国际接轨。(国家发展改革委、工业和信息化部、人力资源社会保障部、商务部、质检总局等按职责分工负责)

国务院办公厅

2017年10月5日

附录 2

国务院关于加快建立健全绿色低碳循环发展经济体系的指导意见

国发〔2021〕4 号

各省、自治区、直辖市人民政府,国务院各部委、各直属机构:

建立健全绿色低碳循环发展经济体系,促进经济社会发展全面绿色转型,是解决我国资源环境生态问题的基础之策。为贯彻落实党的十九大部署,加快建立健全绿色低碳循环发展的经济体系,现提出如下意见。

一、总体要求

(一) 指导思想

以习近平新时代中国特色社会主义思想为指导,深入贯彻党的十九大和十九届二中、三中、四中、五中全会精神,全面贯彻习近平生态文明思想,认真落实党中央、国务院决策部署,坚定不移贯彻新发展理念,全方位全过程推行绿色规划、绿色设计、绿色投资、绿色建设、绿色生产、绿色流通、绿色生活、绿色消费,使发展建立在高效利用资源、严格保护生态环境、有效控制温室气体排放的基础上,统筹推进高质量发展和高水平保护,建立健全绿色低碳循环发展的经济体系,确保实现碳达峰、碳中和目标,推动我国绿色发展迈上新台阶。

(二) 工作原则

坚持重点突破。以节能环保、清洁生产、清洁能源等为重点率先突破,做好与农业、制造业、服务业和信息技术的融合发展,全面带动一二三产业和基础设施绿色升级。

坚持创新引领。深入推动技术创新、模式创新、管理创新,加快构建市场导向的绿色技术创新体系,推行新型商业模式,构筑有力有效的政策支持体系。

坚持稳中求进。做好绿色转型与经济发展、技术进步、产业接续、稳岗就业、民生改善的有机结合,积极稳妥、韧性持久地加以推进。

坚持市场导向。在绿色转型中充分发挥市场的导向性作用、企业的主体作用、各类市场交易机制的作用,为绿色发展注入强大动力。

(三) 主要目标

到2025年,产业结构、能源结构、运输结构明显优化,绿色产业比重显著提升,基础设施绿色化水平不断提高,清洁生产水平持续提高,生产生活方式绿色转型成效显著,能源资源配置更加合理、利用效率大幅提高,主要污染物排放总量持续减少,碳排放强度明显降低,生态环境持续改善,市场导向的绿色技术创新体系更加完善,法律法规政策体系更加有效,绿色低碳循环发展的生产体系、流通体系、消费体系初步形成。到2035年,绿色发展内生动力显著增强,绿色产业规模迈上新台阶,重点行业、重点产品能源资源利用效率达到国际先进水平,广泛形成绿色生产生活方式,碳排放达峰后稳中有降,生态环境根本好转,美丽中国建设目标基本实现。

二、健全绿色低碳循环发展的生产体系

(一) 推进工业绿色升级

加快实施钢铁、石化、化工、有色、建材、纺织、造纸、皮革等行业绿色化改造。推行产品绿色设计,建设绿色制造体系。大力发展再制造产业,加强再制造产品认证与推广应用。建设资源综合利用基地,促进工业固体废物综合利用。全面推行清洁生产,依法在"双超双有高耗能"行业实施强制性清洁生产审核。完善"散乱污"企业认定办法,分类实施关停取缔、整合搬迁、整改提升等措施。加快实施排污许可制度。加强工业生产过程中危险废物管理。

(二) 加快农业绿色发展

鼓励发展生态种植、生态养殖,加强绿色食品、有机农产品认证和管理。发展生态循环农业,提高畜禽粪污资源化利用水平,推进农作物秸秆综合利用,加强农膜污染治理。强化耕地质量保护与提升,推进退化耕地综合治理。发展林业循环经济,实施森林生态标志产品建设工程。大力推进农业节水,推广高效节水技术。推行水产健康养殖。实施农药、兽用抗菌药使用减量和产地环境净化行动。依法加强养殖水域滩涂统一规划。完善相关水域禁渔管理制度。推进农业与旅游、教育、文化、健康等产业深度融合,加快一二三产业融合发展。

(三) 提高服务业绿色发展水平

促进商贸企业绿色升级,培育一批绿色流通主体。有序发展出行、住宿等领域共享经济,规范发展闲置资源交易。加快信息服务业绿色转型,做好大中型数据中心、网络机房绿色建设和改造,建立绿色运营维护体系。推进会展业绿色发展,指导制定行业相关绿色标准,推动办

展设施循环使用。推动汽修、装修装饰等行业使用低挥发性有机物含量原辅材料。倡导酒店、餐饮等行业不主动提供一次性用品。

(四)壮大绿色环保产业

建设一批国家绿色产业示范基地,推动形成开放、协同、高效的创新生态系统。加快培育市场主体,鼓励设立混合所有制公司,打造一批大型绿色产业集团;引导中小企业聚焦主业增强核心竞争力,培育"专精特新"中小企业。推行合同能源管理、合同节水管理、环境污染第三方治理等模式和以环境治理效果为导向的环境托管服务。进一步放开石油、化工、电力、天然气等领域节能环保竞争性业务,鼓励公共机构推行能源托管服务。适时修订绿色产业指导目录,引导产业发展方向。

(五)提升产业园区和产业集群循环化水平

科学编制新建产业园区开发建设规划,依法依规开展规划环境影响评价,严格准入标准,完善循环产业链条,推动形成产业循环耦合。推进既有产业园区和产业集群循环化改造,推动公共设施共建共享、能源梯级利用、资源循环利用和污染物集中安全处置等。鼓励建设电、热、冷、气等多种能源协同互济的综合能源项目。鼓励化工等产业园区配套建设危险废物集中贮存、预处理和处置设施。

(六)构建绿色供应链

鼓励企业开展绿色设计、选择绿色材料、实施绿色采购、打造绿色制造工艺、推行绿色包装、开展绿色运输、做好废弃产品回收处理,实现产品全周期的绿色环保。选择100家左右积极性高、社会影响大、带动作用强的企业开展绿色供应链试点,探索建立绿色供应链制度体系。鼓励行业协会通过制定规范、咨询服务、行业自律等方式提高行业供应链绿色化水平。

三、健全绿色低碳循环发展的流通体系

(一) 打造绿色物流

积极调整运输结构,推进铁水、公铁、公水等多式联运,加快铁路专用线建设。加强物流运输组织管理,加快相关公共信息平台建设和信息共享,发展甩挂运输、共同配送。推广绿色低碳运输工具,淘汰更新或改造老旧车船,港口和机场服务、城市物流配送、邮政快递等领域要优先使用新能源或清洁能源汽车;加大推广绿色船舶示范应用力度,推进内河船型标准化。加快港口岸电设施建设,支持机场开展飞机辅助动力装置替代设备建设和应用。支持物流企业构建数字化运营平台,鼓励发展智慧仓储、智慧运输,推动建立标准化托盘循环共用制度。

(二) 加强再生资源回收利用

推进垃圾分类回收与再生资源回收"两网融合",鼓励地方建立再生资源区域交易中心。加快落实生产者责任延伸制度,引导生产企业建立逆向物流回收体系。鼓励企业采用现代信息技术实现废物回收线上与线下有机结合,培育新型商业模式,打造龙头企业,提升行业整体竞争力。完善废旧家电回收处理体系,推广典型回收模式和经验做法。加快构建废旧物资循环利用体系,加强废纸、废塑料、废旧轮胎、废金属、废玻璃等再生资源回收利用,提升资源产出率和回收利用率。

(三) 建立绿色贸易体系

积极优化贸易结构,大力发展高质量、高附加值的绿色产品贸易,从严控制高污染、高耗能产品出口。加强绿色标准国际合作,积极引领和参与相关国际标准制定,推动合格评定合作和互认机制,做好绿色贸易规则与进出口政策的衔接。深化绿色"一带一路"合作,拓宽节能

环保、清洁能源等领域技术装备和服务合作。

四、健全绿色低碳循环发展的消费体系

（一）促进绿色产品消费

加大政府绿色采购力度，扩大绿色产品采购范围，逐步将绿色采购制度扩展至国有企业。加强对企业和居民采购绿色产品的引导，鼓励地方采取补贴、积分奖励等方式促进绿色消费。推动电商平台设立绿色产品销售专区。加强绿色产品和服务认证管理，完善认证机构信用监管机制。推广绿色电力证书交易，引领全社会提升绿色电力消费。严厉打击虚标绿色产品行为，有关行政处罚等信息纳入国家企业信用信息公示系统。

（二）倡导绿色低碳生活方式

厉行节约，坚决制止餐饮浪费行为。因地制宜推进生活垃圾分类和减量化、资源化，开展宣传、培训和成效评估。扎实推进塑料污染全链条治理。推进过度包装治理，推动生产经营者遵守限制商品过度包装的强制性标准。提升交通系统智能化水平，积极引导绿色出行。深入开展爱国卫生运动，整治环境脏乱差，打造宜居生活环境。开展绿色生活创建活动。

五、加快基础设施绿色升级

（一）推动能源体系绿色低碳转型

坚持节能优先，完善能源消费总量和强度双控制度。提升可再生能源利用比例，大力推动风电、光伏发电发展，因地制宜发展水能、地热

能、海洋能、氢能、生物质能、光热发电。加快大容量储能技术研发推广，提升电网汇集和外送能力。增加农村清洁能源供应，推动农村发展生物质能。促进燃煤清洁高效开发转化利用，继续提升大容量、高参数、低污染煤电机组占煤电装机比例。在北方地区县城积极发展清洁热电联产集中供暖，稳步推进生物质耦合供热。严控新增煤电装机容量。提高能源输配效率。实施城乡配电网建设和智能升级计划，推进农村电网升级改造。加快天然气基础设施建设和互联互通。开展二氧化碳捕集、利用和封存试验示范。

（二）推进城镇环境基础设施建设升级

推进城镇污水管网全覆盖。推动城镇生活污水收集处理设施"厂网一体化"，加快建设污泥无害化资源化处置设施，因地制宜布局污水资源化利用设施，基本消除城市黑臭水体。加快城镇生活垃圾处理设施建设，推进生活垃圾焚烧发电，减少生活垃圾填埋处理。加强危险废物集中处置能力建设，提升信息化、智能化监管水平，严格执行经营许可管理制度。提升医疗废物应急处理能力。做好餐厨垃圾资源化利用和无害化处理。在沿海缺水城市推动大型海水淡化设施建设。

（三）提升交通基础设施绿色发展水平

将生态环保理念贯穿交通基础设施规划、建设、运营和维护全过程，集约利用土地等资源，合理避让具有重要生态功能的国土空间，积极打造绿色公路、绿色铁路、绿色航道、绿色港口、绿色空港。加强新能源汽车充换电、加氢等配套基础设施建设。积极推广应用温拌沥青、智能通风、辅助动力替代和节能灯具、隔声屏障等节能环保先进技术和产品。加大工程建设中废弃资源综合利用力度，推动废旧路面、沥青、疏浚土等材料以及建筑垃圾的资源化利用。

(四) 改善城乡人居环境

相关空间性规划要贯彻绿色发展理念,统筹城市发展和安全,优化空间布局,合理确定开发强度,鼓励城市留白增绿。建立"美丽城市"评价体系,开展"美丽城市"建设试点。增强城市防洪排涝能力。开展绿色社区创建行动,大力发展绿色建筑,建立绿色建筑统一标识制度,结合城镇老旧小区改造推动社区基础设施绿色化和既有建筑节能改造。建立乡村建设评价体系,促进补齐乡村建设短板。加快推进农村人居环境整治,因地制宜推进农村改厕、生活垃圾处理和污水治理、村容村貌提升、乡村绿化美化等。继续做好农村清洁供暖改造、老旧危房改造,打造干净整洁有序美丽的村庄环境。

六、构建市场导向的绿色技术创新体系

(一) 鼓励绿色低碳技术研发

实施绿色技术创新攻关行动,围绕节能环保、清洁生产、清洁能源等领域布局一批前瞻性、战略性、颠覆性科技攻关项目。培育建设一批绿色技术国家技术创新中心、国家科技资源共享服务平台等创新基地平台。强化企业创新主体地位,支持企业整合高校、科研院所、产业园区等力量建立市场化运行的绿色技术创新联合体,鼓励企业牵头或参与财政资金支持的绿色技术研发项目、市场导向明确的绿色技术创新项目。

(二) 加速科技成果转化

积极利用首台(套)重大技术装备政策支持绿色技术应用。充分发挥国家科技成果转化引导基金作用,强化创业投资等各类基金引导,支持绿色技术创新成果转化应用。支持企业、高校、科研机构等建立绿

色技术创新项目孵化器、创新创业基地。及时发布绿色技术推广目录，加快先进成熟技术推广应用。深入推进绿色技术交易中心建设。

七、完善法律法规政策体系

（一）强化法律法规支撑

推动完善促进绿色设计、强化清洁生产、提高资源利用效率、发展循环经济、严格污染治理、推动绿色产业发展、扩大绿色消费、实行环境信息公开、应对气候变化等方面法律法规制度。强化执法监督，加大违法行为查处和问责力度，加强行政执法机关与监察机关、司法机关的工作衔接配合。

（二）健全绿色收费价格机制

完善污水处理收费政策，按照覆盖污水处理设施运营和污泥处理处置成本并合理盈利的原则，合理制定污水处理收费标准，健全标准动态调整机制。按照产生者付费原则，建立健全生活垃圾处理收费制度，各地区可根据本地实际情况，实行分类计价、计量收费等差别化管理。完善节能环保电价政策，推进农业水价综合改革，继续落实好居民阶梯电价、气价、水价制度。

（三）加大财税扶持力度

继续利用财政资金和预算内投资支持环境基础设施补短板强弱项、绿色环保产业发展、能源高效利用、资源循环利用等。继续落实节能节水环保、资源综合利用以及合同能源管理、环境污染第三方治理等方面的所得税、增值税等优惠政策。做好资源税征收和水资源费改税试点工作。

(四)大力发展绿色金融

发展绿色信贷和绿色直接融资,加大对金融机构绿色金融业绩评价考核力度。统一绿色债券标准,建立绿色债券评级标准。发展绿色保险,发挥保险费率调节机制作用。支持符合条件的绿色产业企业上市融资。支持金融机构和相关企业在国际市场开展绿色融资。推动国际绿色金融标准趋同,有序推进绿色金融市场双向开放。推动气候投融资工作。

(五)完善绿色标准、绿色认证体系和统计监测制度

开展绿色标准体系顶层设计和系统规划,形成全面系统的绿色标准体系。加快标准化支撑机构建设。加快绿色产品认证制度建设,培育一批专业绿色认证机构。加强节能环保、清洁生产、清洁能源等领域统计监测,健全相关制度,强化统计信息共享。

(六)培育绿色交易市场机制

进一步健全排污权、用能权、用水权、碳排放权等交易机制,降低交易成本,提高运转效率。加快建立初始分配、有偿使用、市场交易、纠纷解决、配套服务等制度,做好绿色权属交易与相关目标指标的对接协调。

八、认真抓好组织实施

(一)抓好贯彻落实

各地区各有关部门要思想到位、措施到位、行动到位,充分认识建立健全绿色低碳循环发展经济体系的重要性和紧迫性,将其作为高质量发展的重要内容,进一步压实工作责任,加强督促落实,保质保量完

成各项任务。各地区要根据本地实际情况研究提出具体措施,在抓落实上投入更大精力,确保政策措施落到实处。

(二)加强统筹协调

国务院各有关部门要加强协同配合,形成工作合力。国家发展改革委要会同有关部门强化统筹协调和督促指导,做好年度重点工作安排部署,及时总结各地区各有关部门的好经验好模式,探索编制年度绿色低碳循环发展报告,重大情况及时向党中央、国务院报告。

(三)深化国际合作

统筹国内国际两个大局,加强与世界各个国家和地区在绿色低碳循环发展领域的政策沟通、技术交流、项目合作、人才培训等,积极参与和引领全球气候治理,切实提高我国推动国际绿色低碳循环发展的能力和水平,为构建人类命运共同体做出积极贡献。

(四)营造良好氛围

各类新闻媒体要讲好我国绿色低碳循环发展故事,大力宣传取得的显著成就,积极宣扬先进典型,适时曝光破坏生态、污染环境、严重浪费资源和违规乱上高污染、高耗能项目等方面的负面典型,为绿色低碳循环发展营造良好氛围。

国务院
2021年2月2日

附录 3

中共中央办公厅 国务院印发
《关于推动城乡建设绿色发展的意见》

近日,中共中央办公厅、国务院办公厅印发了《关于推动城乡建设绿色发展的意见》,并发出通知,要求各地区各部门结合实际认真贯彻落实。

《关于推动城乡建设绿色发展的意见》主要内容如下。

城乡建设是推动绿色发展、建设美丽中国的重要载体。党的十八大以来,我国人居环境持续改善,住房水平显著提高,同时仍存在整体性缺乏、系统性不足、宜居性不高、包容性不够等问题,大量建设、大量消耗、大量排放的建设方式尚未根本扭转。为推动城乡建设绿色发展,现提出如下意见。

一、总体要求

(一) 指导思想

以习近平新时代中国特色社会主义思想为指导,深入贯彻党的十九大和十九届二中、三中、四中、五中全会精神,践行习近平生态文明思想,按照党中央、国务院决策部署,立足新发展阶段、贯彻新发展理念、构建新发展格局,坚持以人民为中心,坚持生态优先、节约优先、保护优先,坚持系统观念,统筹发展和安全,同步推进物质文明建设与生态文明建设,落实碳达峰、碳中和目标任务,推进城市更新行动、乡村建设行动,加快转变城乡建设方式,促进经济社会发展全面绿色转型,为全面建设社会主义现代化国家奠定坚实基础。

(二)工作原则

坚持人与自然和谐共生,尊重自然、顺应自然、保护自然,推动构建人与自然生命共同体。坚持整体与局部相协调,统筹规划、建设、管理三大环节,统筹城镇和乡村建设。坚持效率与均衡并重,促进城乡资源能源节约集约利用,实现人口、经济发展与生态资源协调。坚持公平与包容相融合,完善城乡基础设施,推进基本公共服务均等化。坚持保护与发展相统一,传承中华优秀传统文化,推动创造性转化、创新性发展。坚持党建引领与群众共建共治共享相结合,完善群众参与机制,共同创造美好环境。

(三)总体目标

到2025年,城乡建设绿色发展体制机制和政策体系基本建立,建设方式绿色转型成效显著,碳减排扎实推进,城市整体性、系统性、生长性增强,"城市病"问题缓解,城乡生态环境质量整体改善,城乡发展质量和资源环境承载能力明显提升,综合治理能力显著提高,绿色生活方式普遍推广。

到2035年,城乡建设全面实现绿色发展,碳减排水平快速提升,城市和乡村品质全面提升,人居环境更加美好,城乡建设领域治理体系和治理能力基本实现现代化,美丽中国建设目标基本实现。

二、推进城乡建设一体化发展

(一)促进区域和城市群绿色发展

建立健全区域和城市群绿色发展协调机制,充分发挥各城市比较优势,促进资源有效配置。在国土空间规划中统筹划定生态保护红线、永久基本农田、城镇开发边界等管控边界,统筹生产、生活、生态空间,实施最严格的耕地保护制度,建立水资源刚性约束制度,建设与资源环境承载能力相匹配、重大风险防控相结合的空间格局。统筹区域、城市群和都市圈内大中小城市住房建设,与人口构成、产业结构相适应。协同建设区域生态网络和绿道体系,衔接生态保护红线、环境质量底线、资源利用上线和生态环境准入清单,改善区域生态环境。推进区域重大基础设施和公共服务设施共建共享,建立功能完善、衔接紧密、保障有力的城市群综合立体交通等现代化设施网络体系。

(二) 建设人与自然和谐共生的美丽城市

建立分层次、分区域协调管控机制,以自然资源承载能力和生态环境容量为基础,合理确定城市人口、用水、用地规模,合理确定开发建设密度和强度。提高中心城市综合承载能力,建设一批产城融合、职住平衡、生态宜居、交通便利的郊区新城,推动多中心、组团式发展。落实规划环评要求和防噪声距离。大力推进城市节水,提高水资源集约节约利用水平。实施海绵城市建设,完善城市防洪排涝体系,提高城市防灾减灾能力,增强城市韧性。实施城市生态修复工程,保护城市山体自然风貌,修复江河、湖泊、湿地,加强城市公园和绿地建设,推进立体绿化,构建连续完整的生态基础设施体系。实施城市功能完善工程,加强婴幼儿照护机构、幼儿园、中小学校、医疗卫生机构、养老服务机构、儿童福利机构、未成年人救助保护机构、社区足球场地等设施建设,增加公共活动空间,建设体育公园,完善文化和旅游消费场所设施,推动发展城市新业态、新功能。建立健全推进城市生态修复、功能完善工程标准规范和工作体系。推动绿色城市、森林城市、"无废城市"建设,深入开展绿色社区创建行动。推进以县城为重要载体的城镇化建设,加强县城绿色低碳建设,大力提升县城公共设施和服务水平。

（三）打造绿色生态宜居的美丽乡村

按照产业兴旺、生态宜居、乡风文明、治理有效、生活富裕的总要求，以持续改善农村人居环境为目标，建立乡村建设评价机制，探索县域乡村发展路径。提高农房设计和建造水平，建设满足乡村生产生活实际需要的新型农房，完善水、电、气、厕配套附属设施，加强既有农房节能改造。保护塑造乡村风貌，延续乡村历史文脉，严格落实有关规定，不破坏地形地貌、不拆传统民居、不砍老树、不盖高楼。统筹布局县城、中心镇、行政村基础设施和公共服务设施，促进城乡设施联动发展。提高镇村设施建设水平，持续推进农村生活垃圾、污水、厕所粪污、畜禽养殖粪污治理，实施农村水系综合整治，推进生态清洁流域建设，加强水土流失综合治理，加强农村防灾减灾能力建设。立足资源优势打造各具特色的农业全产业链，发展多种形式适度规模经营，支持以"公司＋农户"等模式对接市场，培育乡村文化、旅游、休闲、民宿、健康养老、传统手工艺等新业态，强化农产品及其加工副产物综合利用，拓宽农民增收渠道，促进产镇融合、产村融合，推动农村一二三产业融合发展。

三、转变城乡建设发展方式

（一）建设高品质绿色建筑

实施建筑领域碳达峰、碳中和行动。规范绿色建筑设计、施工、运行、管理，鼓励建设绿色农房。推进既有建筑绿色化改造，鼓励与城镇老旧小区改造、农村危房改造、抗震加固等同步实施。开展绿色建筑、节约型机关、绿色学校、绿色医院创建行动。加强财政、金融、规划、建设等政策支持，推动高质量绿色建筑规模化发展，大力推广超低能耗、近零能耗建筑，发展零碳建筑。实施绿色建筑统一标识制度。建立城市建筑用水、用电、用气、用热等数据共享机制，提升建筑能耗监测能力。推动区域建筑能效提升,推广合同能源管理、合同节水管理服务模式,降低建筑运行能耗、水耗,大力推动可再生能源应用,鼓励智能光伏与绿色建筑融合创新发展。

(二) 提高城乡基础设施体系化水平

建立健全基础设施建档制度,普查现有基础设施,统筹地下空间综合利用。推进城乡基础设施补短板和更新改造专项行动以及体系化建设,提高基础设施绿色、智能、协同、安全水平。加强公交优先、绿色出行的城市街区建设,合理布局和建设城市公交专用道、公交场站、车船用加气加注站、电动汽车充换电站,加快发展智能网联汽车、新能源汽车、智慧停车及无障碍基础设施,强化城市轨道交通与其他交通方式衔接。加强交通噪声管控,落实城市交通设计、规划、建设和运行噪声技术要求。加强城市高层建筑、大型商业综合体等重点场所消防安全管理,打通消防生命通道,推进城乡应急避难场所建设。持续推动城镇污水处理提质增效,完善再生水、集蓄雨水等非常规水源利用系统,推进城镇污水管网全覆盖,建立污水处理系统运营管理长效机制。因地制宜加快连接港区管网建设,做好船舶生活污水收集处理。统筹推进煤改电、煤改气及集中供热替代等,加快农村电网、天然气管网、热力管网等建设改造。

(三) 加强城乡历史文化保护传承

建立完善城乡历史文化保护传承体系,健全管理监督机制,完善保护标准和政策法规,严格落实责任,依法问责处罚。开展历史文化资源普查,做好测绘、建档、挂牌工作。建立历史文化名城、名镇、名村及传统村落保护制度,加大保护力度,不拆除历史建筑,不拆真遗存,不建假古董,做到按级施保、应保尽保。完善项目审批、财政支持、社会参与等制度机制,推动历史建筑绿色化更新改造、合理利用。建立保护项目维护修缮机制,保护和培养传统工匠队伍,传承传统建筑绿色营造方式。

（四）实现工程建设全过程绿色建造

开展绿色建造示范工程创建行动，推广绿色化、工业化、信息化、集约化、产业化建造方式，加强技术创新和集成，利用新技术实现精细化设计和施工。大力发展装配式建筑，重点推动钢结构装配式住宅建设，不断提升构件标准化水平，推动形成完整产业链，推动智能建造和建筑工业化协同发展。完善绿色建材产品认证制度，开展绿色建材应用示范工程建设，鼓励使用综合利用产品。加强建筑材料循环利用，促进建筑垃圾减量化，严格施工扬尘管控，采取综合降噪措施管控施工噪声。推动传统建筑业转型升级，完善工程建设组织模式，加快推行工程总承包，推广全过程工程咨询，推进民用建筑工程建筑师负责制。加快推进工程造价改革。改革建筑劳动用工制度，大力发展专业作业企业，培育职业化、专业化、技能化建筑产业工人队伍。

（五）推动形成绿色生活方式

推广节能低碳节水用品，推动太阳能、再生水等应用，鼓励使用环保再生产品和绿色设计产品，减少一次性消费品和包装用材消耗。倡导绿色装修，鼓励选用绿色建材、家具、家电。持续推进垃圾分类和减量化、资源化，推动生活垃圾源头减量，建立健全生活垃圾分类投放、分类收集、分类转运、分类处理系统。加强危险废物、医疗废物收集处理，建立完善应急处置机制。科学制定城市慢行系统规划，因地制宜建设自行车专用道和绿道，全面开展人行道净化行动，改造提升重点城市步行街。深入开展绿色出行创建行动，优化交通出行结构，鼓励公众选择公共交通、自行车和步行等出行方式。

四、创新工作方法

（一）统筹城乡规划建设管理

坚持总体国家安全观，以城乡建设绿色发展为目标，加强顶层设计，编制相关规划，建立规划、建设、管理三大环节统筹机制，统筹城市布局的经济需要、生活需要、生态需要、安全需要，统筹地上地下空间综合利用，统筹各类基础设施建设，系统推进重大工程项目。创新城乡建设管控和引导机制，完善城市形态，提升建筑品质，塑造时代特色风貌。完善城乡规划、建设、管理制度，动态管控建设进程，确保一张蓝图实施不走样、不变形。

（二）建立城市体检评估制度

建立健全"一年一体检、五年一评估"的城市体检评估制度，强化对相关规划实施情况和历史文化保护传承、基础设施效率、生态建设、污染防治等的评估。制定城市体检评估标准，将绿色发展纳入评估指标体系。城市政府作为城市体检评估工作主体，要定期开展体检评估，制定年度建设和整治行动计划，依法依规向社会公开体检评估结果。加强对相关规划实施的监督，维护规划的严肃性权威性。

（三）加大科技创新力度

完善以市场为导向的城乡建设绿色技术创新体系，培育壮大一批绿色低碳技术创新企业，充分发挥国家工程研究中心、国家技术创新中心、国家企业技术中心、国家重点实验室等创新平台对绿色低碳技术的支撑作用。加强国家科技计划研究，系统布局一批支撑城乡建设绿色发展的研发项目，组织开展重大科技攻关，加大科技成果集成创新力度。建立科技项目成果库和公开制度，鼓励科研院所、企业等主体融通创新、利益共享，促进科技成果转化。建设国际化工程建设标准体系，完善相关标准。

（四）推动城市智慧化建设

建立完善智慧城市建设标准和政策法规，加快推进信息技术与城市建设技术、业务、数据融合。开展城市信息模型平台建设，推动建筑信息模型深化应用，推进工程建设项目智能化管理，促进城市建设及运营模式变革。搭建城市运行管理服务平台，加强对市政基础设施、城市环境、城市交通、城市防灾的智慧化管理，推动城市地下空间信息化、智能化管控，提升城市安全风险监测预警水平。完善工程建设项目审批管理系统，逐步实现智能化全程网上办理，推进与投资项目在线审批监管平台等互联互通。搭建智慧物业管理服务平台，加强社区智慧化建设管理，为群众提供便捷服务。

（五）推动美好环境共建共治共享

建立党组织统一领导、政府依法履责、各类组织积极协同、群众广泛参与，自治、法治、德治相结合的基层治理体系，推动形成建设美好人居环境的合力，实现决策共谋、发展共建、建设共管、效果共评、成果共享。下沉公共服务和社会管理资源，按照有关规定探索适宜城乡社区治理的项目招投标、奖励等机制，解决群众身边、房前屋后的实事小事。以城镇老旧小区改造、历史文化街区保护与利用、美丽乡村建设、生活垃圾分类等为抓手和载体，构建社区生活圈，广泛发动组织群众参与城乡社区治理，共同建设美好家园。

五、加强组织实施

（一）加强党的全面领导

把党的全面领导贯穿城乡建设绿色发展各方面各环节，不折不扣贯彻落实中央决策部署。建立省负总责、市县具体负责的工作机制,地方各级党委和政府要充分认识推动城乡建设绿色发展的重要意义,加快形成党委统一领导、党政齐抓共管的工作格局。各省(自治区、直辖市)要根据本意见确定本地区推动城乡建设绿色发展的工作目标和重点任务,加强统筹协调,推进解决重点难点问题。市、县作为工作责任主体,要制定具体措施,切实抓好组织落实。

(二)完善工作机制

加强部门统筹协调,住房城乡建设、发展改革、工业和信息化、民政、财政、自然资源、生态环境、交通运输、水利、农业农村、文化和旅游、金融、市场监管等部门要按照各自职责完善有关支持政策,推动落实重点任务。加大财政、金融支持力度,完善绿色金融体系,支持城乡建设绿色发展重大项目和重点任务。各地要结合实际建立相关工作机制,确保各项任务落实落地。

(三)健全支撑体系

建立完善推动城乡建设绿色发展的体制机制和制度,推进城乡建设领域治理体系和治理能力现代化。制定修订城乡建设和历史文化保护传承等法律法规,为城乡建设绿色发展提供法治保障。深化城市管理和执法体制改革,加强队伍建设,推进严格规范公正文明执法,提高城市管理和执法能力水平。健全社会公众满意度评价和第三方考评机制,由群众评判城乡建设绿色发展成效。加快管理、技术和机制创新,培育绿色发展新动能,实现动力变革。

(四)加强培训宣传

中央组织部、住房城乡建设部要会同国家发展改革委、自然资源部、生态环境部加强培训,不断提高党政主要负责同志推动城乡建设绿色发展的能力和水平。在各级党校(行政学院)、干部学院增加相关培训课程,编辑出版系列教材,教育引导各级领导干部和广大专业技术人员尊重城乡发展规律,尊重自然生态环境,尊重历史文化传承,重视和回应群众诉求。加强国际交流合作,广泛吸收借鉴先进经验。采取多种形式加强教育宣传和舆论引导,普及城乡建设绿色发展法律法规和科学知识。

附录 4

国务院关于印发 2030 年前碳达峰行动方案的通知

国发〔2021〕23 号

各省、自治区、直辖市人民政府,国务院各部委、各直属机构:

现将《2030 年前碳达峰行动方案》印发给你们,请认真贯彻执行。

国务院
2021 年 10 月 24 日

(本文有删减)

2030 年前碳达峰行动方案

为深入贯彻落实党中央、国务院关于碳达峰、碳中和的重大战略决策,扎实推进碳达峰行动,制定本方案。

一、总体要求

(一) 指导思想

以习近平新时代中国特色社会主义思想为指导,全面贯彻党的十九大和十九届二中、三中、四中、五中全会精神,深入贯彻习近平生态文明思想,立足新发展阶段,完整、准确、全面贯彻新发展理念,构建新发展格局,坚持系统观念,处理好发展和减排、整体和局部、短期和中长期的关系,统筹稳增长和调结构,把碳达峰、碳中和纳入经济社会发展全局,坚持"全国统筹、节约优先、双轮驱动、内外畅通、防范风险"的总方针,有力有序有效做好碳达峰工作,明确各地区、各领域、各行业目标任务,加快实现生产生活方式绿色变革,推动经济社会发展建立在资源高效利用和绿色低碳发展的基础之上,确保如期实现2030年前碳达峰目标。

(二)工作原则

总体部署、分类施策。坚持全国一盘棋,强化顶层设计和各方统筹。各地区、各领域、各行业因地制宜、分类施策,明确既符合自身实际又满足总体要求的目标任务。

系统推进、重点突破。全面准确认识碳达峰行动对经济社会发展的深远影响,加强政策的系统性、协同性。抓住主要矛盾和矛盾的主要方面,推动重点领域、重点行业和有条件的地方率先达峰。

双轮驱动、两手发力。更好发挥政府作用,构建新型举国体制,充分发挥市场机制作用,大力推进绿色低碳科技创新,深化能源和相关领域改革,形成有效激励约束机制。

稳妥有序、安全降碳。立足我国富煤贫油少气的能源资源禀赋,坚持先立后破,稳住存量,拓展增量,以保障国家能源安全和经济发展为底线,争取时间实现新能源的逐渐替代,推动能源低碳转型平稳过渡,切实保障国家能源安全、产业链供应链安全、粮食安全和群众正常生产生活,着力化解各类风险隐患,防止过度反应,稳妥有序、循序渐进推进碳达峰行动,确保安全降碳。

二、主要目标

"十四五"期间,产业结构和能源结构调整优化取得明显进展,重点行业能源利用效率大幅提升,煤炭消费增长得到严格控制,新型电力系统加快构建,绿色低碳技术研发和推广应用取得新进展,绿色生产生活方式得到普遍推行,有利于绿色低碳循环发展的政策体系进一步完善。到 2025 年,非化石能源消费比重达到 20% 左右,单位国内生产总值能源消耗比 2020 年下降 13.5%,单位国内生产总值二氧化碳排放比 2020 年下降 18%,为实现碳达峰奠定坚实基础。

"十五五"期间,产业结构调整取得重大进展,清洁低碳安全高效的能源体系初步建立,重点领域低碳发展模式基本形成,重点耗能行业能源利用效率达到国际先进水平,非化石能源消费比重进一步提高,煤炭消费逐步减少,绿色低碳技术取得关键突破,绿色生活方式成为公众自觉选择,绿色低碳循环发展政策体系基本健全。到 2030 年,非化石能源消费比重达到 25% 左右,单位国内生产总值二氧化碳排放比 2005 年下降 65% 以上,顺利实现 2030 年前碳达峰目标。

三、重点任务

将碳达峰贯穿于经济社会发展全过程和各方面,重点实施能源绿色低碳转型行动、节能降碳增效行动、工业领域碳达峰行动、城乡建设碳达峰行动、交通运输绿色低碳行动、循环经济助力降碳行动、绿色低碳科技创新行动、碳汇能力巩固提升行动、绿色低碳全民行动、各地区梯次有序碳达峰行动等"碳达峰十大行动"。

(一)能源绿色低碳转型行动

能源是经济社会发展的重要物质基础,也是碳排放的最主要来源。要坚持安全降碳,在保障能源安全的前提下,大力实施可再生能源替代,加快构建清洁低碳安全高效的能源体系。

1. 推进煤炭消费替代和转型升级

加快煤炭减量步伐,"十四五"时期严格合理控制煤炭消费增长,

"十五五"时期逐步减少。严格控制新增煤电项目,新建机组煤耗标准达到国际先进水平,有序淘汰煤电落后产能,加快现役机组节能升级和灵活性改造,积极推进供热改造,推动煤电向基础保障性和系统调节性电源并重转型。严控跨区外送可再生能源电力配套煤电规模,新建通道可再生能源电量比例原则上不低于50%。推动重点用煤行业减煤限煤。大力推动煤炭清洁利用,合理划定禁止散烧区域,多措并举、积极有序推进散煤替代,逐步减少直至禁止煤炭散烧。

2. 大力发展新能源

全面推进风电、太阳能发电大规模开发和高质量发展,坚持集中式与分布式并举,加快建设风电和光伏发电基地。加快智能光伏产业创新升级和特色应用,创新"光伏+"模式,推进光伏发电多元布局。坚持陆海并重,推动风电协调快速发展,完善海上风电产业链,鼓励建设海上风电基地。积极发展太阳能光热发电,推动建立光热发电与光伏发电、风电互补调节的风光热综合可再生能源发电基地。因地制宜发展生物质发电、生物质能清洁供暖和生物天然气。探索深化地热能以及波浪能、潮流能、温差能等海洋新能源开发利用。进一步完善可再生能源电力消纳保障机制。到2030年,风电、太阳能发电总装机容量达到12亿千瓦以上。

3. 因地制宜开发水电

积极推进水电基地建设,推动金沙江上游、澜沧江上游、雅砻江中游、黄河上游等已纳入规划、符合生态保护要求的水电项目开工建设,推进雅鲁藏布江下游水电开发,推动小水电绿色发展。推动西南地区水电与风电、太阳能发电协同互补。统筹水电开发和生态保护,探索建立水能资源开发生态保护补偿机制。"十四五""十五五"期间分别新增水电装机容量4 000万千瓦左右,西南地区以水电为主的可再生能源体系基本建立。

4. 积极安全有序发展核电

合理确定核电站布局和开发时序,在确保安全的前提下有序发展核电,保持平稳建设节奏。积极推动高温气冷堆、快堆、模块化小型堆、海上浮动堆等先进堆型示范工程,开展核能综合利用示范。加大核电标准化、自主化力度,加快关键技术装备攻关,培育高端核电装备制造产业集群。实行最严格的安全标准和最严格的监管,持续提升核安全监管能力。

5. 合理调控油气消费。

保持石油消费处于合理区间,逐步调整汽油消费规模,大力推进先进生物液体燃料、可持续航空燃料等替代传统燃油,提升终端燃油产品能效。加快推进页岩气、煤层气、致密油(气)等非常规油气资源规模化开发。有序引导天然气消费,优化利用结构,优先保障民生用气,大力推动天然气与多种能源融合发展,因地制宜建设天然气调峰电站,合理引导工业用气和化工原料用气。支持车船使用液化天然气作为燃料。

6. 加快建设新型电力系统。

构建新能源占比逐渐提高的新型电力系统,推动清洁电力资源大范围优化配置。大力提升电力系统综合调节能力,加快灵活调节电源建设,引导自备电厂、传统高载能工业负荷、工商业可中断负荷、电动汽车充电网络、虚拟电厂等参与系统调节,建设坚强智能电网,提升电网安全保障水平。积极发展"新能源+储能"、源网荷储一体化和多能互补,支持分布式新能源合理配置储能系统。制定新一轮抽水蓄能电站中长期发展规划,完善促进抽水蓄能发展的政策机制。加快新型储能示范推广应用。深化电力体制改革,加快构建全国统一电力市场体系。到 2025 年,新型储能装机容量达到 3000 万千瓦以上。到 2030 年,抽水蓄能电站装机容量达到 1.2 亿千瓦左右,省级电网基本具备 5% 以上的尖峰负荷响应能力。

(二) 节能降碳增效行动

落实节约优先方针,完善能源消费强度和总量双控制度,严格控制能耗强度,合理控制能源消费总量,推动能源消费革命,建设能源节约型社会。

1. 全面提升节能管理能力

推行用能预算管理,强化固定资产投资项目节能审查,对项目用能和碳排放情况进行综合评价,从源头推进节能降碳。提高节能管理信息化水平,完善重点用能单位能耗在线监测系统,建立全国性、行业性节能技术推广服务平台,推动高耗能企业建立能源管理中心。完善能源计量体系,鼓励采用认证手段提升节能管理水平。加强节能监察能力建设,健全省、市、县三级节能监察体系,建立跨部门联动机制,综合运用行政处罚、信用监管、绿色电价等手段,增强节能监察约束力。

2. 实施节能降碳重点工程

实施城市节能降碳工程,开展建筑、交通、照明、供热等基础设施节能升级改造,推进先进绿色建筑技术示范应用,推动城市综合能效提升。实施园区节能降碳工程,以高耗能高排放项目(以下称"两高"项目)集聚度高的园区为重点,推动能源系统优化和梯级利用,打造一批达到国际先进水平的节能低碳园区。实施重点行业节能降碳工程,推动电力、钢铁、有色金属、建材、石化化工等行业开展节能降碳改造,提升能源资源利用效率。实施重大节能降碳技术示范工程,支持已取得突破的绿色低碳关键技术开展产业化示范应用。

3. 推进重点用能设备节能增效

以电机、风机、泵、压缩机、变压器、换热器、工业锅炉等设备为重点,全面提升能效标准。建立以能效为导向的激励约束机制,推广先进高效产品设备,加快淘汰落后低效设备。加强重点用能设备节能审查和日常监管,强化生产、经营、销售、使用、报废全链条管理,严厉打击违法违规行为,确保能效标准和节能要求全面落实。

4. 加强新型基础设施节能降碳

优化新型基础设施空间布局,统筹谋划、科学配置数据中心等新型基础设施,避免低水平重复建设。优化新型基础设施用能结构,采用直流供电、分布式储能、"光伏+储能"等模式,探索多样化能源供应,提高非化石能源消费比重。对标国际先进水平,加快完善通信、运算、存储、传输等设备能效标准,提升准入门槛,淘汰落后设备和技术。加强新型基础设施用能管理,将年综合能耗超过1万吨标准煤的数据中心全部纳入重点用能单位能耗在线监测系统,开展能源计量审查。推动既有设施绿色升级改造,积极推广使用高效制冷、先进通风、余热利用、智能化用能控制等技术,提高设施能效水平。

(三) 工业领域碳达峰行动

工业是产生碳排放的主要领域之一,对全国整体实现碳达峰具有重要影响。工业领域要加快绿色低碳转型和高质量发展,力争率先实现碳达峰。

1. 推动工业领域绿色低碳发展。

优化产业结构,加快退出落后产能,大力发展战略性新兴产业,加快传统产业绿色低碳改造。促进工业能源消费低碳化,推动化石能源清洁高效利用,提高可再生能源应用比重,加强电力需求侧管理,提升工业电气化水平。深入实施绿色制造工程,大力推行绿色设计,完善绿色制造体系,建设绿色工厂和绿色工业园区。推进工业领域数字化智能化绿色化融合发展,加强重点行业和领域技术改造。

2. 推动钢铁行业碳达峰

深化钢铁行业供给侧结构性改革,严格执行产能置换,严禁新增产能,推进存量优化,淘汰落后产能。推进钢铁企业跨地区、跨所有制兼并重组,提高行业集中度。优化生产力布局,以京津冀及周边地区为重点,继续压减钢铁产能。促进钢铁行业结构优化和清洁能源替代,大力推进非高炉炼铁技术示范,提升废钢资源回收利用水平,推行全废钢电炉工艺。推广先进适用技术,深挖节能降碳潜力,鼓励钢化联产,探索开展氢冶金、二氧化碳捕集利用一体化等试点示范,推动低品位余热供暖发展。

3. 推动有色金属行业碳达峰

巩固化解电解铝过剩产能成果,严格执行产能置换,严控新增产能。推进清洁能源替代,提高水电、风电、太阳能发电等应用比重。加快再生有色金属产业发展,完善废弃有色金属资源回收、分选和加工网络,提高再生有色金属产量。加快推广应用先进适用绿色低碳技术,提升有色金属生产过程余热回收水平,推动单位产品能耗持续下降。

4. 推动建材行业碳达峰

加强产能置换监管,加快低效产能退出,严禁新增水泥熟料、平板玻璃产能,引导建材行业向轻型化、集约化、制品化转型。推动水泥错峰生产常态化,合理缩短水泥熟料装置运转时间。因地制宜利用风能、太阳能等可再生能源,逐步提高电力、天然气应用比重。鼓励建材企业使用粉煤灰、工业废渣、尾矿渣等作为原料或水泥混合材。加快推进绿色建材产品认证和应用推广,加强新型胶凝材料、低碳混凝土、木竹建材等低碳建材产品研发应用。推广节能技术设备,开展能源管理体系建设,实现节能增效。

5. 推动石化化工行业碳达峰

优化产能规模和布局,加大落后产能淘汰力度,有效化解结构性过剩矛盾。严格项目准入,合理安排建设时序,严控新增炼油和传统煤化工生产能力,稳妥有序发展现代煤化工。引导企业转变用能方式,鼓励以电力、天然气等替代煤炭。调整原料结构,控制新增原料用煤,拓展富氢原料进口来源,推动石化化工原料轻质化。优化产品结构,促进石化化工与煤炭开采、冶金、建材、化纤等产业协同发展,加强炼厂干气、液化气等副产气体高效利用。鼓励企业节能升级改造,推动能量梯级利用、物料循环利用。到2025年,国内原油一次加工能力控制在10亿吨以内,主要产品产能利用率提升至80%以上。

6. 坚决遏制"两高"项目盲目发展

采取强有力措施,对"两高"项目实行清单管理、分类处置、动态监控。全面排查在建项目，对能效水平低于本行业能耗限额准入值的，按有关规定停工整改，推动能效水平应提尽提，力争全面达到国内乃至国际先进水平。科学评估拟建项目，对产能已饱和的行业，按照"减量替代"原则压减产能；对产能尚未饱和的行业，按照国家布局和审批备案等要求，对标国际先进水平提高准入门槛；对能耗量较大的新兴产业，支持引导企业应用绿色低碳技术，提高能效水平。深入挖潜存量项目，加快淘汰落后产能，通过改造升级挖掘节能减排潜力。强化常态化监管，坚决拿下不符合要求的"两高"项目。

（四）城乡建设碳达峰行动

加快推进城乡建设绿色低碳发展，城市更新和乡村振兴都要落实绿色低碳要求。

1. 推进城乡建设绿色低碳转型

推动城市组团式发展，科学确定建设规模，控制新增建设用地过快增长。倡导绿色低碳规划设计理念，增强城乡气候韧性，建设海绵城市。推广绿色低碳建材和绿色建造方式，加快推进新型建筑工业化，大力发展装配式建筑，推广钢结构住宅，推动建材循环利用，强化绿色设计和绿色施工管理。加强县城绿色低碳建设。推动建立以绿色低碳为导向的城乡规划建设管理机制，制定建筑拆除管理办法，杜绝大拆大建。建设绿色城镇、绿色社区。

2. 加快提升建筑能效水平。

加快更新建筑节能、市政基础设施等标准，提高节能降碳要求。加强适用于不同气候区、不同建筑类型的节能低碳技术研发和推广，推动超低能耗建筑、低碳建筑规模化发展。加快推进居住建筑和公共建筑节能改造，持续推动老旧供热管网等市政基础设施节能降碳改造。提升城镇建筑和基础设施运行管理智能化水平，加快推广供热计量收费和合同能源管理，逐步开展公共建筑能耗限额管理。到2025年，城镇新建建筑全面执行绿色建筑标准。

3. 加快优化建筑用能结构

深化可再生能源建筑应用,推广光伏发电与建筑一体化应用。积极推动严寒、寒冷地区清洁取暖,推进热电联产集中供暖,加快工业余热供暖规模化应用,积极稳妥开展核能供热示范,因地制宜推行热泵、生物质能、地热能、太阳能等清洁低碳供暖。引导夏热冬冷地区科学取暖,因地制宜采用清洁高效取暖方式。提高建筑终端电气化水平,建设集光伏发电、储能、直流配电、柔性用电于一体的"光储直柔"建筑。到2025年,城镇建筑可再生能源替代率达到8%,新建公共机构建筑、新建厂房屋顶光伏覆盖率力争达到50%。

4. 推进农村建设和用能低碳转型

推进绿色农房建设,加快农房节能改造。持续推进农村地区清洁取暖,因地制宜选择适宜取暖方式。发展节能低碳农业大棚。推广节能环保灶具、电动农用车辆、节能环保农机和渔船。加快生物质能、太阳能等可再生能源在农业生产和农村生活中的应用。加强农村电网建设,提升农村用能电气化水平。

(五) 交通运输绿色低碳行动

加快形成绿色低碳运输方式,确保交通运输领域碳排放增长保持在合理区间。

1. 推动运输工具装备低碳转型

积极扩大电力、氢能、天然气、先进生物液体燃料等新能源、清洁能源在交通运输领域应用。大力推广新能源汽车,逐步降低传统燃油汽车在新车产销和汽车保有量中的占比,推动城市公共服务车辆电动化替代,推广电力、氢燃料、液化天然气动力重型货运车辆。提升铁路系统电气化水平。加快老旧船舶更新改造,发展电动、液化天然气动力船舶,深入推进船舶靠港使用岸电,因地制宜开展沿海、内河绿色智能船舶示范应用。提升机场运行电动化智能化水平,发展新能源航空器。到2030年,当年新增新能源、清洁能源动力的交通工具比例达到40%

左右,营运交通工具单位换算周转量碳排放强度比 2020 年下降 9.5%
左右,国家铁路单位换算周转量综合能耗比 2020 年下降 10%。陆路
交通运输石油消费力争 2030 年前达到峰值。

2. 构建绿色高效交通运输体系

发展智能交通,推动不同运输方式合理分工、有效衔接,降低空载率和不合理客货运周转量。大力发展以铁路、水路为骨干的多式联运,推进工矿企业、港口、物流园区等铁路专用线建设,加快内河高等级航道网建设,加快大宗货物和中长距离货物运输"公转铁"、"公转水"。加快先进适用技术应用,提升民航运行管理效率,引导航空企业加强智慧运行,实现系统化节能降碳。加快城乡物流配送体系建设,创新绿色低碳、集约高效的配送模式。打造高效衔接、快捷舒适的公共交通服务体系,积极引导公众选择绿色低碳交通方式。"十四五"期间,集装箱铁水联运量年均增长 15% 以上。到 2030 年,城区常住人口 100 万以上的城市绿色出行比例不低于 70%。

3. 加快绿色交通基础设施建设

将绿色低碳理念贯穿于交通基础设施规划、建设、运营和维护全过程,降低全生命周期能耗和碳排放。开展交通基础设施绿色化提升改造,统筹利用综合运输通道线位、土地、空域等资源,加大岸线、锚地等资源整合力度,提高利用效率。有序推进充电桩、配套电网、加注(气)站、加氢站等基础设施建设,提升城市公共交通基础设施水平。到 2030 年,民用运输机场场内车辆装备等力争全面实现电动化。

(六) 循环经济助力降碳行动

抓住资源利用这个源头,大力发展循环经济,全面提高资源利用效率,充分发挥减少资源消耗和降碳的协同作用。

1. 推进产业园区循环化发展

以提升资源产出率和循环利用率为目标,优化园区空间布局,开展园区循环化改造。推动园区企业循环式生产、产业循环式组合,组织

企业实施清洁生产改造,促进废物综合利用、能量梯级利用、水资源循环利用,推进工业余压余热、废气废液废渣资源化利用,积极推广集中供气供热。搭建基础设施和公共服务共享平台,加强园区物质流管理。到 2030 年,省级以上重点产业园区全部实施循环化改造。

2. 加强大宗固废综合利用

提高矿产资源综合开发利用水平和综合利用率,以煤矸石、粉煤灰、尾矿、共伴生矿、冶炼渣、工业副产石膏、建筑垃圾、农作物秸秆等大宗固废为重点,支持大掺量、规模化、高值化利用,鼓励应用于替代原生非金属矿、砂石等资源。在确保安全环保前提下,探索将磷石膏应用于土壤改良、井下充填、路基修筑等。推动建筑垃圾资源化利用,推广废弃路面材料原地再生利用。加快推进秸秆高值化利用,完善收储运体系,严格禁烧管控。加快大宗固废综合利用示范建设。到 2025 年,大宗固废年利用量达到 40 亿吨左右;到 2030 年,年利用量达到 45 亿吨左右。

3. 健全资源循环利用体系

完善废旧物资回收网络,推行"互联网+"回收模式,实现再生资源应收尽收。加强再生资源综合利用行业规范管理,促进产业集聚发展。高水平建设现代化"城市矿产"基地,推动再生资源规范化、规模化、清洁化利用。推进退役动力电池、光伏组件、风电机组叶片等新兴产业废物循环利用。促进汽车零部件、工程机械、文办设备等再制造产业高质量发展。加强资源再生产品和再制造产品推广应用。到 2025 年,废钢铁、废铜、废铝、废铅、废锌、废纸、废塑料、废橡胶、废玻璃等 9 种主要再生资源循环利用量达到 4.5 亿吨,到 2030 年达到 5.1 亿吨。

4. 大力推进生活垃圾减量化资源化

扎实推进生活垃圾分类,加快建立覆盖全社会的生活垃圾收运处置体系,全面实现分类投放、分类收集、分类运输、分类处理。加强塑料污染全链条治理,整治过度包装,推动生活垃圾源头减量。推进生活垃圾焚烧处理,降低填埋比例,探索适合我国厨余垃圾特性的资源化利用技术。推进污水资源化利用。到2025年,城市生活垃圾分类体系基本健全,生活垃圾资源化利用比例提升至60%左右。到2030年,城市生活垃圾分类实现全覆盖,生活垃圾资源化利用比例提升至65%。

(七) 绿色低碳科技创新行动

发挥科技创新的支撑引领作用,完善科技创新体制机制,强化创新能力,加快绿色低碳科技革命。

1. 完善创新体制机制

制定科技支撑碳达峰碳中和行动方案,在国家重点研发计划中设立碳达峰碳中和关键技术研究与示范等重点专项,采取"揭榜挂帅"机制,开展低碳零碳负碳关键核心技术攻关。将绿色低碳技术创新成果纳入高等学校、科研单位、国有企业有关绩效考核。强化企业创新主体地位,支持企业承担国家绿色低碳重大科技项目,鼓励设施、数据等资源开放共享。推进国家绿色技术交易中心建设,加快创新成果转化。加强绿色低碳技术和产品知识产权保护。完善绿色低碳技术和产品检测、评估、认证体系。

2. 加强创新能力建设和人才培养

组建碳达峰碳中和相关国家实验室、国家重点实验室和国家技术创新中心,适度超前布局国家重大科技基础设施,引导企业、高等学校、科研单位共建一批国家绿色低碳产业创新中心。创新人才培养模式,鼓励高等学校加快新能源、储能、氢能、碳减排、碳汇、碳排放权交易等学科建设和人才培养,建设一批绿色低碳领域未来技术学院、现代产业学院和示范性能源学院。深化产教融合,鼓励校企联合开展产学合作协同育人项目,组建碳达峰碳中和产教融合发展联盟,建设一批国家储能技术产教融合创新平台。

3. 强化应用基础研究

实施一批具有前瞻性、战略性的国家重大前沿科技项目,推动低碳零碳负碳技术装备研发取得突破性进展。聚焦化石能源绿色智能开发和清洁低碳利用、可再生能源大规模利用、新型电力系统、节能、氢能、储能、动力电池、二氧化碳捕集利用与封存等重点,深化应用基础研究。积极研发先进核电技术,加强可控核聚变等前沿颠覆性技术研究。

4. 加快先进适用技术研发和推广应用

集中力量开展复杂大电网安全稳定运行和控制、大容量风电、高效光伏、大功率液化天然气发动机、大容量储能、低成本可再生能源制氢、低成本二氧化碳捕集利用与封存等技术创新,加快碳纤维、气凝胶、特种钢材等基础材料研发,补齐关键零部件、元器件、软件等短板。推广先进成熟绿色低碳技术,开展示范应用。建设全流程、集成化、规模化二氧化碳捕集利用与封存示范项目。推进熔盐储能供热和发电示范应用。加快氢能技术研发和示范应用,探索在工业、交通运输、建筑等领域规模化应用。

(八)碳汇能力巩固提升行动

坚持系统观念,推进山水林田湖草沙一体化保护和修复,提高生态系统质量和稳定性,提升生态系统碳汇增量。

1. 巩固生态系统固碳作用

结合国土空间规划编制和实施,构建有利于碳达峰、碳中和的国土空间开发保护格局。严守生态保护红线,严控生态空间占用,建立以国家公园为主体的自然保护地体系,稳定现有森林、草原、湿地、海洋、土壤、冻土、岩溶等固碳作用。严格执行土地使用标准,加强节约集约用地评价,推广节地技术和节地模式。

2. 提升生态系统碳汇能力

实施生态保护修复重大工程。深入推进大规模国土绿化行动,巩固退耕还林还草成果,扩大林草资源总量。强化森林资源保护,实施森林质量精准提升工程,提高森林质量和稳定性。加强草原生态保护修复,提高草原综合植被盖度。加强河湖、湿地保护修复。整体推进海洋生态系统保护和修复,提升红树林、海草床、盐沼等固碳能力。加强退化土地修复治理,开展荒漠化、石漠化、水土流失综合治理,实施历史遗留矿山生态修复工程。到 2030 年,全国森林覆盖率达到 25％左右,森林蓄积量达到 190 亿立方米。

3. 加强生态系统碳汇基础支撑

依托和拓展自然资源调查监测体系,利用好国家林草生态综合监测评价成果,建立生态系统碳汇监测核算体系,开展森林、草原、湿地、海洋、土壤、冻土、岩溶等碳汇本底调查、碳储量评估、潜力分析,实施生态保护修复碳汇成效监测评估。加强陆地和海洋生态系统碳汇基础理论、基础方法、前沿颠覆性技术研究。建立健全能够体现碳汇价值的生态保护补偿机制,研究制定碳汇项目参与全国碳排放权交易相关规则。

4. 推进农业农村减排固碳

大力发展绿色低碳循环农业,推进农光互补、"光伏＋设施农业"、"海上风电＋海洋牧场"等低碳农业模式。研发应用增汇型农业技术。开展耕地质量提升行动,实施国家黑土地保护工程,提升土壤有机碳储量。合理控制化肥、农药、地膜使用量,实施化肥农药减量替代计划,加强农作物秸秆综合利用和畜禽粪污资源化利用。

(九) 绿色低碳全民行动

增强全民节约意识、环保意识、生态意识,倡导简约适度、绿色低碳、文明健康的生活方式,把绿色理念转化为全体人民的自觉行动。

1. 加强生态文明宣传教育

将生态文明教育纳入国民教育体系,开展多种形式的资源环境国情教育,普及碳达峰、碳中和基础知识。加强对公众的生态文明科普教育,将绿色低碳理念有机融入文艺作品,制作文创产品和公益广告,持续开展世界地球日、世界环境日、全国节能宣传周、全国低碳日等主题宣传活动,增强社会公众绿色低碳意识,推动生态文明理念更加深入人心。

2. 推广绿色低碳生活方式

坚决遏制奢侈浪费和不合理消费,着力破除奢靡铺张的歪风陋习,坚决制止餐饮浪费行为。在全社会倡导节约用能,开展绿色低碳社会行动示范创建,深入推进绿色生活创建行动,评选宣传一批优秀示范典型,营造绿色低碳生活新风尚。大力发展绿色消费,推广绿色低碳产品,完善绿色产品认证与标识制度。提升绿色产品在政府采购中的比例。

3. 引导企业履行社会责任

引导企业主动适应绿色低碳发展要求,强化环境责任意识,加强能源资源节约,提升绿色创新水平。重点领域国有企业特别是中央企业要制定实施企业碳达峰行动方案,发挥示范引领作用。重点用能单位要梳理核算自身碳排放情况,深入研究碳减排路径,"一企一策"制定专项工作方案,推进节能降碳。相关上市公司和发债企业要按照环境信息依法披露要求,定期公布企业碳排放信息。充分发挥行业协会等社会团体作用,督促企业自觉履行社会责任。

4. 强化领导干部培训

将学习贯彻习近平生态文明思想作为干部教育培训的重要内容,各级党校(行政学院)要把碳达峰、碳中和相关内容列入教学计划,分阶段、多层次对各级领导干部开展培训,普及科学知识,宣讲政策要点,强化法治意识,深化各级领导干部对碳达峰、碳中和工作重要性、紧迫性、科学性、系统性的认识。从事绿色低碳发展相关工作的领导干部要尽快提升专业素养和业务能力,切实增强推动绿色低碳发展的本领。

(十) 各地区梯次有序碳达峰行动

各地区要准确把握自身发展定位,结合本地区经济社会发展实际和资源环境禀赋,坚持分类施策、因地制宜、上下联动,梯次有序推进碳达峰。

1. 科学合理确定有序达峰目标

碳排放已经基本稳定的地区要巩固减排成果,在率先实现碳达峰的基础上进一步降低碳排放。产业结构较轻、能源结构较优的地区要坚持绿色低碳发展,坚决不走依靠"两高"项目拉动经济增长的老路,力争率先实现碳达峰。产业结构偏重、能源结构偏煤的地区和资源型地区要把节能降碳摆在突出位置,大力优化调整产业结构和能源结构,逐步实现碳排放增长与经济增长脱钩,力争与全国同步实现碳达峰。

2. 因地制宜推进绿色低碳发展

各地区要结合区域重大战略、区域协调发展战略和主体功能区战略,从实际出发推进本地区绿色低碳发展。京津冀、长三角、粤港澳大湾区等区域要发挥高质量发展动力源和增长极作用,率先推动经济社会发展全面绿色转型。长江经济带、黄河流域和国家生态文明试验区要严格落实生态优先、绿色发展战略导向,在绿色低碳发展方面走在全国前列。中西部和东北地区要着力优化能源结构,按照产业政策和能耗双控要求,有序推动高耗能行业向清洁能源优势地区集中,积极培育绿色发展动能。

3. 上下联动制定地方达峰方案

各省、自治区、直辖市人民政府要按照国家总体部署,结合本地区资源环境禀赋、产业布局、发展阶段等,坚持全国一盘棋,不抢跑,科学制定本地区碳达峰行动方案,提出符合实际、切实可行的碳达峰时间表、路线图、施工图,避免"一刀切"限电限产或运动式"减碳"。各地区碳达峰行动方案经碳达峰碳中和工作领导小组综合平衡、审核通过后,由地方自行印发实施。

4. 组织开展碳达峰试点建设

加大中央对地方推进碳达峰的支持力度,选择 100 个具有典型代表性的城市和园区开展碳达峰试点建设,在政策、资金、技术等方面对试点城市和园区给予支持,加快实现绿色低碳转型,为全国提供可操作、可复制、可推广的经验做法。

四、国际合作

（一）深度参与全球气候治理

大力宣传习近平生态文明思想，分享中国生态文明、绿色发展理念与实践经验，为建设清洁美丽世界贡献中国智慧、中国方案、中国力量，共同构建人与自然生命共同体。主动参与全球绿色治理体系建设，坚持共同但有区别的责任原则、公平原则和各自能力原则，坚持多边主义，维护以联合国为核心的国际体系，推动各方全面履行《联合国气候变化框架公约》及其《巴黎协定》。积极参与国际航运、航空减排谈判。

（二）开展绿色经贸、技术与金融合作

优化贸易结构，大力发展高质量、高技术、高附加值绿色产品贸易。加强绿色标准国际合作，推动落实合格评定合作和互认机制，做好绿色贸易规则与进出口政策的衔接。加强节能环保产品和服务进出口。加大绿色技术合作力度，推动开展可再生能源、储能、氢能、二氧化碳捕集利用与封存等领域科研合作和技术交流，积极参与国际热核聚变实验堆计划等国际大科学工程。深化绿色金融国际合作，积极参与碳定价机制和绿色金融标准体系国际宏观协调，与有关各方共同推动绿色低碳转型。

（三）推进绿色"一带一路"建设

秉持共商共建共享原则，弘扬开放、绿色、廉洁理念，加强与共建"一带一路"国家的绿色基建、绿色能源、绿色金融等领域合作，提高境外项目环境可持续性，打造绿色、包容的"一带一路"能源合作伙伴关系，扩大新能源技术和产品出口。发挥"一带一路"绿色发展国际联盟

等合作平台作用,推动实施《"一带一路"绿色投资原则》,推进"一带一路"应对气候变化南南合作计划和"一带一路"科技创新行动计划。

五、政策保障

(一) 建立统一规范的碳排放统计核算体系

加强碳排放统计核算能力建设,深化核算方法研究,加快建立统一规范的碳排放统计核算体系。支持行业、企业依据自身特点开展碳排放核算方法学研究,建立健全碳排放计量体系。推进碳排放实测技术发展,加快遥感测量、大数据、云计算等新兴技术在碳排放实测技术领域的应用,提高统计核算水平。积极参与国际碳排放核算方法研究,推动建立更为公平合理的碳排放核算方法体系。

(二) 健全法律法规标准

构建有利于绿色低碳发展的法律体系,推动能源法、节约能源法、电力法、煤炭法、可再生能源法、循环经济促进法、清洁生产促进法等制定修订。加快节能标准更新,修订一批能耗限额、产品设备能效强制性国家标准和工程建设标准,提高节能降碳要求。健全可再生能源标准体系,加快相关领域标准制定修订。建立健全氢制、储、输、用标准。完善工业绿色低碳标准体系。建立重点企业碳排放核算、报告、核查等标准,探索建立重点产品全生命周期碳足迹标准。积极参与国际能效、低碳等标准制定修订,加强国际标准协调。

(三) 完善经济政策

各级人民政府要加大对碳达峰、碳中和工作的支持力度。建立健全有利于绿色低碳发展的税收政策体系,落实和完善节能节水、资源综合利用等税收优惠政策,更好发挥税收对市场主体绿色低碳发展的促进作用。完善绿色电价政策,健全居民阶梯电价制度和分时电价政策,探索建立分时电价动态调整机制。完善绿色金融评价机制,建立健全绿色金融标准体系。大力发展绿色贷款、绿色股权、绿色债券、绿色保险、绿色基金等金融工具,设立碳减排支持工具,引导金融机构为绿色低碳项目提供长期限、低成本资金,鼓励开发性政策性金融机构按照市场化法治化原则为碳达峰行动提供长期稳定融资支持。拓展绿色债券市场的深度和广度,支持符合条件的绿色企业上市融资、挂牌融资和再融资。研究设立国家低碳转型基金,支持传统产业和资源富集地区绿色转型。鼓励社会资本以市场化方式设立绿色低碳产业投资基金。

(四)建立健全市场化机制

发挥全国碳排放权交易市场作用,进一步完善配套制度,逐步扩大交易行业范围。建设全国用能权交易市场,完善用能权有偿使用和交易制度,做好与能耗双控制度的衔接。统筹推进碳排放权、用能权、电力交易等市场建设,加强市场机制间的衔接与协调,将碳排放权、用能权交易纳入公共资源交易平台。积极推行合同能源管理,推广节能咨询、诊断、设计、融资、改造、托管等"一站式"综合服务模式。

六、组织实施

(一)加强统筹协调

加强党中央对碳达峰、碳中和工作的集中统一领导,碳达峰碳中和工作领导小组对碳达峰相关工作进行整体部署和系统推进,统筹研究重要事项、制定重大政策。碳达峰碳中和工作领导小组成员单位要按照党中央、国务院决策部署和领导小组工作要求,扎实推进相关工作。碳达峰碳中和工作领导小组办公室要加强统筹协调,定期对各地区和重点领域、重点行业工作进展情况进行调度,科学提出碳达峰分步骤的时间表、路线图,督促将各项目标任务落实落细。

(二)强化责任落实

各地区各有关部门要深刻认识碳达峰、碳中和工作的重要性、紧迫性、复杂性,切实扛起责任,按照《中共中央 国务院关于完整准确全面贯彻新发展理念做好碳达峰碳中和工作的意见》和本方案确定的主要目标和重点任务,着力抓好各项任务落实,确保政策到位、措施到位、成效到位,落实情况纳入中央和省级生态环境保护督察。各相关单位、人民团体、社会组织要按照国家有关部署,积极发挥自身作用,推进绿色低碳发展。

(三)严格监督考核

实施以碳强度控制为主、碳排放总量控制为辅的制度,对能源消费和碳排放指标实行协同管理、协同分解、协同考核,逐步建立系统完善的碳达峰碳中和综合评价考核制度。加强监督考核结果应用,对碳达峰工作成效突出的地区、单位和个人按规定给予表彰奖励,对未完成目标任务的地区、部门依规依法实行通报批评和约谈问责。各省、自治区、直辖市人民政府要组织开展碳达峰目标任务年度评估,有关工作进展和重大问题要及时向碳达峰碳中和工作领导小组报告。

附录 5

国务院关于印发"十四五"节能减排综合工作方案的通知

国发〔2021〕33 号

各省、自治区、直辖市人民政府，国务院各部委、各直属机构：

现将《"十四五"节能减排综合工作方案》印发给你们，请结合本地区、本部门实际，认真贯彻落实。

国务院
2021 年 12 月 28 日

（本文有删减）

"十四五"节能减排综合工作方案

为认真贯彻落实党中央、国务院重大决策部署，大力推动节能减排，深入打好污染防治攻坚战，加快建立健全绿色低碳循环发展经济体系，推进经济社会发展全面绿色转型，助力实现碳达峰、碳中和目标，制定本方案。

一、总体要求

以习近平新时代中国特色社会主义思想为指导，全面贯彻党的十九大和十九届历次全会精神,深入贯彻习近平生态文明思想,坚持稳中求进工作总基调,立足新发展阶段,完整、准确、全面贯彻新发展理念,构建新发展格局,推动高质量发展,完善实施能源消费强度和总量双控(以下称能耗双控)、主要污染物排放总量控制制度,组织实施节能减排重点工程,进一步健全节能减排政策机制,推动能源利用效率大幅提高、主要污染物排放总量持续减少,实现节能降碳减污协同增效、生态环境质量持续改善,确保完成"十四五"节能减排目标,为实现碳达峰、碳中和目标奠定坚实基础。

二、主要目标

到 2025 年,全国单位国内生产总值能源消耗比 2020 年下降 13.5%,能源消费总量得到合理控制,化学需氧量、氨氮、氮氧化物、挥发性有机物排放总量比 2020 年分别下降 8%、8%、10% 以上、10% 以上。节能减排政策机制更加健全,重点行业能源利用效率和主要污染物排放控制水平基本达到国际先进水平,经济社会发展绿色转型取得显著成效。

三、实施节能减排重点工程

(一)重点行业绿色升级工程

以钢铁、有色金属、建材、石化化工等行业为重点,推进节能改造和污染物深度治理。推广高效精馏系统、高温高压干熄焦、富氧强化熔炼等节能技术,鼓励将高炉—转炉长流程炼钢转型为电炉短流程炼钢。推进钢铁、水泥、焦化行业及燃煤锅炉超低排放改造,到 2025 年,完成 5.3 亿吨钢铁产能超低排放改造,大气污染防治重点区域燃煤锅炉全面实现超低排放。加强行业工艺革新,实施涂装类、化工类等产业集群分类治理,开展重点行业清洁生产和工业废水资源化利用改造。推进新型基础设施能效提升,加快绿色数据中心建设。"十四五"时期,规模以上工业单位增加值能耗下降13.5%,万元工业增加值用水量下降16%。到2025年,通过实施节能降碳行动,钢铁、电解铝、水泥、平板玻璃、炼油、乙烯、合成氨、电石等重点行业产能和数据中心达到能效标杆水平的比例超过30%。(工业和信息化部、国家发展改革委、生态环境部、市场监管总局、国家能源局等按职责分工负责,地方各级人民政府负责落实。以下均需地方各级人民政府落实,不再列出)

(二)园区节能环保提升工程

引导工业企业向园区集聚,推动工业园区能源系统整体优化和污染综合整治,鼓励工业企业、园区优先利用可再生能源。以省级以上工业园区为重点,推进供热、供电、污水处理、中水回用等公共基础设施共建共享,对进水浓度异常的污水处理厂开展片区管网系统化整治,加强一般固体废物、危险废物集中贮存和处置,推动挥发性有机物、电镀废水及特征污染物集中治理等"绿岛"项目建设。到2025年,建成一批节能环保示范园区。(国家发展改革委、工业和信息化部、生态环境部等按职责分工负责)

(三)城镇绿色节能改造工程

全面推进城镇绿色规划、绿色建设、绿色运行管理,推动低碳城市、韧性城市、海绵城市、"无废城市"建设。全面提高建筑节能标准,加快发展超低能耗建筑,积极推进既有建筑节能改造、建筑光伏一体化建设。因地制宜推动北方地区清洁取暖,加快工业余热、可再生能源等在城镇供热中的规模化应用。实施绿色高效制冷行动,以建筑中央空调、数据中心、商务产业园区、冷链物流等为重点,更新升级制冷技术、设备,优化负荷供需匹配,大幅提升制冷系统能效水平。实施公共供水管网漏损治理工程。到2025年,城镇新建建筑全面执行绿色建筑标准,城镇清洁取暖比例和绿色高效制冷产品市场占有率大幅提升。（住房城乡建设部、生态环境部、国家发展改革委、自然资源部、交通运输部、市场监管总局、国家能源局等按职责分工负责）

（四）交通物流节能减排工程

推动绿色铁路、绿色公路、绿色港口、绿色航道、绿色机场建设,有序推进充换电、加注(气)、加氢、港口机场岸电等基础设施建设。提高城市公交、出租、物流、环卫清扫等车辆使用新能源汽车的比例。加快大宗货物和中长途货物运输"公转铁"、"公转水",大力发展铁水、公铁、公水等多式联运。全面实施汽车国六排放标准和非道路移动柴油机械国四排放标准,基本淘汰国三及以下排放标准汽车。深入实施清洁柴油机行动,鼓励重型柴油货车更新替代。实施汽车排放检验与维护制度,加强机动车排放召回管理。加强船舶清洁能源动力推广应用,推动船舶岸电受电设施改造。提升铁路电气化水平,推广低能耗运输装备,推动实施铁路内燃机车国一排放标准。大力发展智能交通,积极运用大数据优化运输组织模式。加快绿色仓储建设,鼓励建设绿色物流园区。加快标准化物流周转箱推广应用。全面推广绿色快递包装,引导电商企业、邮政快递企业选购使用获得绿色认证的快递包装产品。到2025年,新能源汽车新车销售量达到汽车新车销售总量的20%左右,铁路、水路货运量占比进一步提升。（交通运输部、国家发展改革委牵头,工业和信息化部、公安部、财政部、生态环境部、住房城乡建设部、商务部、市场监管总局、国家能源局、国家铁路局、中国民航局、国家邮政局、中国国家铁路集团有限公司等按职责分工负责）

（五）农业农村节能减排工程

加快风能、太阳能、生物质能等可再生能源在农业生产和农村生活中的应用,有序推进农村清洁取暖。推广应用农用电动车辆、节能环保农机和渔船,发展节能农业大棚,推进农房节能改造和绿色农房建设。强化农业面源污染防治,推进农药化肥减量增效、秸秆综合利用,加快农膜和农药包装废弃物回收处理。深入推进规模养殖场污染治理,整县推进畜禽粪污资源化利用。整治提升农村人居环境,提高农村污水垃圾处理能力,基本消除较大面积的农村黑臭水体。到2025年,农村生活污水治理率达到40%,秸秆综合利用率稳定在86%以上,主要农作物化肥、农药利用率均达到43%以上,畜禽粪污综合利用率达到80%以上,绿色防控、统防统治覆盖率分别达到55%、45%,京津冀及周边地区大型规模化养殖场氨排放总量削减5%。(农业农村部、生态环境部、国家能源局、国家乡村振兴局牵头,国家发展改革委、工业和信息化部、住房城乡建设部、水利部、市场监管总局等按职责分工负责)

(六) 公共机构能效提升工程

加快公共机构既有建筑围护结构、供热、制冷、照明等设施设备节能改造,鼓励采用能源费用托管等合同能源管理模式。率先淘汰老旧车,率先采购使用节能和新能源汽车,新建和既有停车场要配备电动汽车充电设施或预留充电设施安装条件。推行能耗定额管理,全面开展节约型机关创建行动。到2025年,创建2000家节约型公共机构示范单位,遴选200家公共机构能效领跑者。(国管局、中直管理局等按职责分工负责)

(七) 重点区域污染物减排工程

持续推进大气污染防治重点区域秋冬季攻坚行动,加大重点行业结构调整和污染治理力度。以大气污染防治重点区域及珠三角地区、成渝地区等为重点,推进挥发性有机物和氮氧化物协同减排,加强细颗粒物和臭氧协同控制。持续打好长江保护修复攻坚战,扎实推进城镇污水垃圾处理和工业、农业面源、船舶、尾矿库等污染治理工程,到2025年,长江流域总体水质保持为优,干流水质稳定达到Ⅱ类。着力打好黄河生态保护治理攻坚战,实施深度节水控水行动,加强重要支流污染治理,开展入河排污口排查整治,到 2025 年,黄河干流上中游(花园口以上)水质达到Ⅱ类。(国家发展改革委、生态环境部、工业和信息化部、水利部牵头,住房城乡建设部、交通运输部、国家能源局等按职责分工负责)

(八) 煤炭清洁高效利用工程

要立足以煤为主的基本国情,坚持先立后破,严格合理控制煤炭消费增长,抓好煤炭清洁高效利用,推进存量煤电机组节煤降耗改造、供热改造、灵活性改造"三改联动",持续推动煤电机组超低排放改造。稳妥有序推进大气污染防治重点区域燃料类煤气发生炉、燃煤热风炉、加热炉、热处理炉、干燥炉(窑)以及建材行业煤炭减量,实施清洁电力和天然气替代。推广大型燃煤电厂热电联产改造,充分挖掘供热潜力,推动淘汰供热管网覆盖范围内的燃煤锅炉和散煤。加大落后燃煤锅炉和燃煤小热电退出力度,推动以工业余热、电厂余热、清洁能源等替代煤炭供热(蒸汽)。到 2025 年,非化石能源占能源消费总量比重达到 20% 左右。"十四五"时期,京津冀及周边地区、长三角地区煤炭消费量分别下降 10%、5% 左右,汾渭平原煤炭消费量实现负增长。(国家发展改革委、生态环境部、工业和信息化部、住房城乡建设部、市场监管总局、国家能源局等按职责分工负责)

(九) 挥发性有机物综合整治工程

推进原辅材料和产品源头替代工程,实施全过程污染物治理。以工业涂装、包装印刷等行业为重点,推动使用低挥发性有机物含量的涂料、油墨、胶粘剂、清洗剂。深化石化化工等行业挥发性有机物污染治理,全面提升废气收集率、治理设施同步运行率和去除率。对易挥发有机液体储罐实施改造,对浮顶罐推广采用全接液浮盘和高效双重密封技术,对废水系统高浓度废气实施单独收集处理。加强油船和原油、成品油码头油气回收治理。到 2025 年,溶剂型工业涂料、油墨使用比例分别降低 20 个百分点、10 个百分点,溶剂型胶粘剂使用量降低 20%。(工业和信息化部、生态环境部等按职责分工负责)

(十) 环境基础设施水平提升工程

加快构建集污水、垃圾、固体废物、危险废物、医疗废物处理处置设施和监测监管能力于一体的环境基础设施体系,推动形成由城市向建制镇和乡村延伸覆盖的环境基础设施网络。推进城市生活污水管网建设和改造,实施混错接管网改造、老旧破损管网更新修复,加快补齐处理能力缺口,推行污水资源化利用和污泥无害化处置。建设分类投放、分类收集、分类运输、分类处理的生活垃圾处理系统。到 2025 年,新增和改造污水收集管网 8 万公里,新增污水处理能力 2000 万立方米/日,城市污泥无害化处置率达到 90%,城镇生活垃圾焚烧处理能力达到 80 万吨/日左右,城市生活垃圾焚烧处理能力占比 65% 左右。(国家发展改革委、住房城乡建设部、生态环境部等按职责分工负责)

四、健全节能减排政策机制

(一) 优化完善能耗双控制度

坚持节能优先,强化能耗强度降低约束性指标管理,有效增强能源消费总量管理弹性,加强能耗双控政策与碳达峰、碳中和目标任务的衔接。以能源产出率为重要依据,综合考虑发展阶段等因素,合理确定各地区能耗强度降低目标。国家对各省(自治区、直辖市)"十四五"能耗强度降低实行基本目标和激励目标双目标管理,由各省(自治区、直辖市)分解到每年。完善能源消费总量指标确定方式,各省(自治区、直辖市)根据地区生产总值增速目标和能耗强度降低基本目标确定年度能源消费总量目标,经济增速超过预期目标的地区可相应调整能源消费总量目标。对能耗强度降低达到国家下达的激励目标的地区,其能源消费总量在当期能耗双控考核中免予考核。各地区"十四五"时期新增可再生能源电力消费量不纳入地方能源消费总量考核。原料用能不纳入全国及地方能耗双控考核。有序实施国家重大项目能耗单列,支持国家重大项目建设。加强节能形势分析预警,对高预警等级地区加强工作指导。推动科学有序实行用能预算管理,优化能源要素合理配置。(国家发展改革委牵头,国家统计局、国家能源局等按职责分工负责)

(二)健全污染物排放总量控制制度

坚持精准治污、科学治污、依法治污,把污染物排放总量控制制度作为加快绿色低碳发展、推动结构优化调整、提升环境治理水平的重要抓手,推进实施重点减排工程,形成有效减排能力。优化总量减排指标分解方式,按照可监测、可核查、可考核的原则,将重点工程减排量下达地方,污染治理任务较重的地方承担相对较多的减排任务。改进总量减排核算方法,制定核算技术指南,加强与排污许可、环境影响评价审批等制度衔接,提升总量减排核算信息化水平。完善总量减排考核体系,健全激励约束机制,强化总量减排监督管理,重点核查重复计算、弄虚作假特别是不如实填报削减量和削减来源等问题。(生态环境部负责)

(三)坚决遏制高耗能高排放项目盲目发展

根据国家产业规划、产业政策、节能审查、环境影响评价审批等政策规定,对在建、拟建、建成的高耗能高排放项目(以下称"两高"项目)开展评估检查,建立工作清单,明确处置意见,严禁违规"两高"项目建设、运行,坚决拿下不符合要求的"两高"项目。加强对"两高"项目节能审查、环境影响评价审批程序和结果执行的监督评估,对审批能力不适应的依法依规调整上收审批权。对年综合能耗5万吨标准煤及以上的"两高"项目加强工作指导。严肃财经纪律,指导金融机构完善"两高"项目融资政策。(国家发展改革委、工业和信息化部、生态环境部牵头,

人民银行、市场监管总局、银保监会、国家能源局等按职责分工负责)

(四) 健全法规标准

推动制定修订资源综合利用法、节约能源法、循环经济促进法、清洁生产促进法、环境影响评价法及生态环境监测条例、民用建筑节能条例、公共机构节能条例等法律法规,完善固定资产投资项目节能审查、电力需求侧管理、非道路移动机械污染防治管理等办法。对标国际先进水平制定修订一批强制性节能标准,深入开展能效、水效领跑者引领行动。制定修订居民消费品挥发性有机物含量限制标准和涉挥发性有机物重点行业大气污染物排放标准,进口非道路移动机械执行国内排放标准。研究制定下一阶段轻型车、重型车排放标准和油品质量标准。(国家发展改革委、生态环境部、司法部、工业和信息化部、财政部、住房城乡建设部、交通运输部、市场监管总局、国管局等按职责分工负责)

(五) 完善经济政策

各级财政加大节能减排支持力度,统筹安排相关专项资金支持节能减排重点工程建设,研究对节能目标责任评价考核结果为超额完成等级的地区给予奖励。逐步规范和取消低效化石能源补贴。扩大中央财政北方地区冬季清洁取暖政策支持范围。建立农村生活污水处理设施运维费用地方各级财政投入分担机制。扩大政府绿色采购覆盖范围。健全绿色金融体系,大力发展绿色信贷,支持重点行业领域节能减排,用好碳减排支持工具和支持煤炭清洁高效利用专项再贷款,加强环境和社会风险管理。鼓励有条件的地区探索建立绿色贷款财政贴息、奖补、风险补偿、信用担保等配套支持政策。加快绿色债券发展,支持符合条件的节能减排企业上市融资和再融资。积极推进环境高风险领域企业投保环境污染责任保险。落实环境保护、节能节水、资源综合利用税收优惠政策。完善挥发性有机物监测技术和排放量计算方法,在相关条件成熟后,研究适时将挥发性有机物纳入环境保护税征收范围。强化电价政策与节能减排政策协同,持续完善高耗能行业阶梯电价等绿色电价机制,扩大实施范围、加大实施力度,落实落后"两高"企业的电价上浮政策。深化供热体制改革,完善城镇供热价格机制。建立健全城镇污水处理费征收标准动态调整机制,具备条件的东部地区、中西部城市近郊区探索建立受益农户污水处理付费机制。(国家发展改革委、财政部、人民银行、银保监会、证监会、工业和信息化部、生态环境部、住房城乡建设部、税务总局、国家能源局等按职责分工负责)

(六) 完善市场化机制

深化用能权有偿使用和交易试点,加强用能权交易与碳排放权交易的统筹衔接,推动能源要素向优质项目、企业、产业及经济发展条件好的地区流动和集聚。培育和发展排污权交易市场,鼓励有条件的地区扩大排污权交易试点范围。推广绿色电力证书交易。全面推进电力需求侧管理。推行合同能源管理,积极推广节能咨询、诊断、设计、融资、改造、托管等"一站式"综合服务模式。规范开放环境治理市场,推行环境污染第三方治理,探索推广生态环境导向的开发、环境托管服务等新模式。强化能效标识管理制度,扩大实施范围。健全统一的绿色产品标准、认证、标识体系,推行节能低碳环保产品认证。(国家发展改革委、生态环境部、工业和信息化部、财政部、市场监管总局、国家能源局等按职责分工负责)

(七) 加强统计监测能力建设

严格实施重点用能单位能源利用状况报告制度,健全能源计量体系,加强重点用能单位能耗在线监测系统建设和应用。完善工业、建筑、交通运输等领域能源消费统计制度和指标体系,探索建立城市基础设施能源消费统计制度。优化污染源统计调查范围,调整污染物统计调查指标和排放计算方法。构建覆盖排污许可证单位的固定污染源监测体系,加强工业园区污染源监测,推动涉挥发性有机物排放的重点排污单位安装在线监控监测设施。加强统计基层队伍建设,强化统计数据审核,防范统计造假、弄虚作假,提升统计数据质量。(国家统计局、国家发展改革委、生态环境部、工业和信息化部、住房城乡建设部、交通运输部、市场监管总局等按职责分工负责)

(八) 壮大节能减排人才队伍

健全省、市、县三级节能监察体系,加强节能监察能力建设。重点用能单位按要求设置能源管理岗位和负责人。加强县级及乡镇基层生态环境监管队伍建设,重点排污单位设置专职环保人员。加大政府有关部门及监察执法机构、企业等节能减排工作人员培训力度,通过业务培训、比赛竞赛、经验交流等方式提高业务水平。开发节能环保领域新职业,组织制定相应职业标准。(国家发展改革委、生态环境部、工业和信息化部、人力资源社会保障部等按职责分工负责)

五、强化工作落实

(一) 加强组织领导

各地区、各部门和各有关单位要充分认识节能减排工作的重要性和紧迫性,把思想和行动统一到党中央、国务院关于节能减排的决策部署上来,立足经济社会发展大局,坚持系统观念,明确目标责任,制定实施方案,狠抓工作落实,确保完成"十四五"节能减排各项任务。地方各级人民政府对本行政区域节能减排工作负总责,主要负责同志是第一责任人,要切实加强组织领导和部署推进,将本地区节能减排目标与国民经济和社会发展五年规划及年度计划充分衔接,科学明确下一级政府、有关部门和重点单位责任。要科学考核,防止简单层层分解。中央企业要带头落实节能减排目标责任,鼓励实行更严格的目标管理。国家发展改革委、生态环境部要加强统筹协调,做好工作指导,推动任务有序有效落实,及时防范化解风险,重大情况及时向国务院报告。(国家发展改革委、生态环境部牵头,各有关部门按职责分工负责)

(二)强化监督考核

开展"十四五"省级人民政府节能减排目标责任评价考核,科学运用考核结果,对工作成效显著的地区加强激励,对工作不力的地区加强督促指导,考核结果经国务院审定后,交由干部主管部门作为对省级人民政府领导班子和领导干部综合考核评价的重要依据。完善能耗双控考核措施,增加能耗强度降低约束性指标考核权重,加大对坚决遏制"两高"项目盲目发展、推动能源资源优化配置措施落实情况的考核力度,统筹目标完成进展、经济形势及跨周期因素,优化考核频次。继续开展污染防治攻坚战成效考核,把总量减排目标任务完成情况作为重要考核内容,压实减排工作责任。完善中央生态环境保护督察制度,深化例行督察,强化专项督察。(国家发展改革委、生态环境部牵头,中央组织部等按职责分工负责)

(三)开展全民行动

深入开展绿色生活创建行动,增强全民节约意识,倡导简约适度、绿色低碳、文明健康的生活方式,坚决抵制和反对各种形式的奢侈浪费,营造绿色低碳社会风尚。推行绿色消费,加大绿色低碳产品推广力度,组织开展全国节能宣传周、世界环境日等主题宣传活动,通过多种传播渠道和方式广泛宣传节能减排法规、标准和知识。加大先进节能减排技术研发和推广力度。发挥行业协会、商业团体、公益组织的作用,支持节能减排公益事业。畅通群众参与生态环境监督渠道。开展节能减排自愿承诺,引导市场主体、社会公众自觉履行节能减排责任。(中央宣传部、中直管理局、国家发展改革委、科技部、生态环境部、国管局、全国妇联等按职责分工负责)